As quatro idades da poesia
Thomas Love Peacock

Defesa da poesia
Percy Bysshe Shelley

As quatro idades da poesia
Thomas Love Peacock

Defesa da poesia
Percy Bysshe Shelley

Tradução, apresentação e notas
Roberto Acízelo de Souza

2ª edição revista

/re.li.cá.rio/

© Relicário Edições, 2025
© Roberto Acízelo de Souza, 2025

Dados Internacionais de Catalogação na Publicação (CIP) de acordo com ISBD

P356q

    Peacock, Thomas Love

    As quatro idades da poesia, por Peacock ; Defesa da poesia, por Shelley/ Thomas Love Peacock, Percy Bysshe Shelley ; tradução, apresentação e notas por Roberto Acízelo de Souza. – Belo Horizonte: Relicário, 2025.
    92 p. ; 14 x 21cm.

    Títulos originais: *Peacock's The four ages of poetry/Shelley's Defense of poetry*
    ISBN 978-65-5090-006-9

    1. Poesia inglesa – Crítica e interpretação. 2. Poesia – Ensaios. I. Shelley, Percy Bysshe. II. Souza, Roberto Acízelo de. III. Título.

                                                  CDD: 801
                                                CDU: 82-1

Elaborado pelo bibliotecário Tiago Carneiro – CRB-6/3279

CONSELHO EDITORIAL
Eduardo Horta Nassif Veras (UFTM) Ernani Chaves (UFPA) Guilherme Paoliello (UFOP) Gustavo Silveira Ribeiro (UFMG) Luiz Rohden (UNISINOS) Marco Aurélio Werle (USP) Markus Schäffauer (UNIVERSITÄT HAMBURG) Patrícia Lavelle (PUC-RIO) Pedro Süssekind (UFF) Ricardo Barbosa (UERJ) Romero Freitas (UFOP) Virginia Figueiredo (UFMG)

COORDENAÇÃO EDITORIAL Maíra Nassif Passos
EDITOR-ASSISTENTE Thiago Landi
PROJETO GRÁFICO E CAPA Ana C. Bahia
DIAGRAMAÇÃO Cumbuca Studio
PREPARAÇÃO Lucas Morais
REVISÃO Thiago Landi

/re.li.cá.rio/
Rua Machado, 155, casa 4, Colégio Batista | Belo Horizonte, MG, 31110-080
contato@relicarioedicoes.com | www.relicarioedicoes.com
relicarioedicoes relicario.edicoes

7 APRESENTAÇÃO

11 **As quatro idades da poesia**
Thomas Love Peacock

35 **Defesa da poesia**
Percy Bysshe Shelley

89 SOBRE O TRADUTOR

Apresentação

1

Na década de 1820, o romantismo na Inglaterra, consolidado graças sobretudo à poesia e à teorização de William Wordsworth e Samuel Taylor Coleridge, matizava-se com os tons que lhe iam imprimindo uma segunda geração de escritores ligados àquela corrente. Assim, num cenário fortemente marcado pelo prestígio cultural de concepções e práticas poéticas da modernidade romântica, já se destacavam, junto com os primeiros românticos, poetas como George Gordon Byron, Percy Bysshe Shelley e John Keats.

Pois nesse ambiente tão favorável à valorização social da poesia, tida como elevada manifestação do espírito tanto no plano estético como no político e moral, uma revista londrina publica, em 1820, um artigo que constitui um verdadeiro libelo contra os poetas e a sua arte. Assina-o Thomas Love Peacock, autor de inclinações iluministas e neoclássicas que, além de ensaios, produziu obra de feição predominantemente filosofante e satírica sob a forma de romances, peças dramáticas e poemas.

O texto, que deve ter causado algum espanto aos leitores da época, talvez tivesse caído em completo esquecimento, não fosse a réplica que suscitou de imediato por meio de um longo ensaio que, desprendendo-se mais tarde de sua origem circunstancial, estava destinado a tornar-se famoso. Trata-se da "Defesa da poesia", de Percy Bysshe Shelley, aliás, grande amigo de Peacock.

Vejamos brevemente essas relações entre o estudo de Peacock e o de Shelley.

2

O artigo "As quatro idades da poesia" saiu originalmente no número 1 da publicação intitulada *Ollier's Miscellany in Prose and Verse by Several Hands to be continued occasionally*, no ano de 1820. Ao longo do século XIX, seria republicado em reuniões de obras de Peacock, em 1875, 1891 e 1899, e como apêndice a uma edição dos escritos em prosa de Shelley, datada de 1880.

"Defesa da poesia", por seu turno, segundo os planos do autor, destinava-se a publicação em três partes, nos números subsequentes da mesma *Ollier's Miscellany*, como pronta resposta à provocação de Peacock. Visto que o periódico não passou do seu primeiro número, o manuscrito da primeira parte (a única que Shelley chegou a escrever) ficou na posse dos irmãos Hunt, seus amigos Leigh e John. Eles se propuseram a publicá-lo na revista de que eram editores – *The Liberal* –, mas eliminando do texto as alusões diretas a Peacock e a seu artigo, considerando que elas só se justificariam como resposta imediata àquele autor e, por conseguinte, no espaço da própria *Ollier's Miscellany*. Ainda dessa vez, contudo, o texto permaneceria inédito, pois Shelley morreu em 1822 e o periódico *The Liberal* não passou do quarto número, publicado em 1823. Assim, o ensaio só viria a público em 1840, em um dos dois volumes organizados por Mary Shelley, viúva do autor, que neles reuniu trabalhos que Shelley deixara inéditos e dispersos. Nessa versão – constituída, pois, pela primeira e única parte do texto que chegou a ser escrita, e com os cortes feitos por John Hunt (ver Brett-Smith, 1921, p. XVI) – é que o texto se fixou, passando a ser, como disse mordazmente Peacock, "uma defesa sem ataque", ou, em termos favoráveis, um pequeno tratado autônomo sobre a ideia de poesia.

Se o texto de Peacock beira a sátira, especialmente nas passagens em que faz a caricatura de certos princípios da poesia praticada em sua época, sobretudo daqueles característicos da obra de Wordsworth, o de Shelley assume um tom olímpico e grave. O ensaio retoma os argumentos – emprestando-lhes tonalidades românticas – e até mesmo o título do célebre elogio à poesia empreendido por Philip Sidney – *An apology for poetrie/The defense of poesie* –, escrito por volta de 1580 e publicado em 1595.

3

Na presente edição,[1] todavia, com base nos esclarecimentos e nas notas da edição crítica de H. F. B. Brett-Smith,[2] a qual nos serviu para esta tradução, remontamos à redação original de Shelley, assim reconectando o seu ensaio ao panfleto de Peacock, a fim de reavivar sua condição de réplica a um escrito anterior. Tivemos, porém, o cuidado de colocar entre colchetes as passagens do texto ora apresentado que divergem da versão elaborada por John Hunt – afinal a que se tornou encontradiça e canônica –, assinalando-as com notas.

Quanto às notas, conservamos as dos autores (sinalizadas como "N. A.") e acrescentamos as nossas (sem sinalização),

---

1. Os textos de Peacock e Shelley traduzidos por Roberto Acízelo de Souza já haviam sido publicados em 2017 no âmbito do Programa de Pós-Graduação em Letras da Uerj, tendo sido revistos e aperfeiçoados para esta edição.
2. Peacock's *The four ages of poetry*; Shelley's *Defense of poetry*; Browning's *Essay on Shelley*. Ed.: H. F. B. Brett-Smith. Boston; Nova York: Houghton Mifflin, 1921.

relativas à tradução e a detalhes dos textos,[3] em alguns casos com base nas notas da edição crítica de Brett-Smith.

---

[3]. Algumas delas, não tendo sido seguro e automático decidir sobre sua pertinência – a exemplo da contextualização ou não de figuras históricas citadas pelos autores –, serão eventualmente desnecessárias, explicando-se sua inserção apenas como excesso de zelo didático.

As quatro idades da poesia
Thomas Love Peacock

Qui inter haec nutriuntur non magis sapere possunt,
quam bene olere qui in culina habitant.[1]

Petrônio

Da poesia, assim como do mundo, pode-se dizer que tem quatro idades, mas numa ordem diferente: a primeira idade da poesia é a de ferro; a segunda, a de ouro; a terceira, a de prata; a quarta, a de bronze.[2]

---

1. "Os que se nutrem de tais coisas não são mais capazes de apurar o gosto do que de cheirar bem os que vivem na cozinha." A passagem se encontra no capítulo II do *Satyricon*, num contexto de crítica aos excessos da eloquência.
2. O mito das "idades do mundo" foi recolhido por Hesíodo (séculos VIII-VII a.C.), no poema *Os trabalhos e os dias*, e posteriormente por Ovídio (séculos I a.C.-I d.C.), na primeira das suas *Metamorfoses*. Conforme essa tradição, as fases da história, isto é, as suas "idades", na ordem em que se teriam sucedido, são as seguintes: a de ouro, a de prata, a de bronze e a de ferro. Peacock, no entanto, sustenta que na história da poesia a ordem seria outra: sucedem-se, na Antiguidade, as idades de ferro, de ouro, de prata e de bronze, o mesmo acontecendo a partir da Idade Média, quando se inicia um novo ciclo – o moderno – com a mesma sucessão de etapas, até o presente do autor, segundo ele, afetado pelos sintomas de decadência próprios à idade de bronze. (Observe-se, entre parênteses, que, se a ideia das "idades do mundo" foi assumida pela poesia, a filosofia da história não lhe permaneceu alheia, bastando lembrar as postulações de Vico – idades divina, heroica e humana –, de Hegel – espírito subjetivo, objetivo e absoluto – e de Comte – estados teológico, metafísico e positivo.)

A primeira, a idade de ferro da poesia, é aquela em que rudes bardos celebram em toscos números[3] as proezas de chefes ainda mais rudes, no tempo em que todos os homens são guerreiros e em que a grande máxima prática de todas as formas de sociedade – "conservar o que se tem e apanhar o que se pode" – ainda não se disfarça sob os nomes de *justiça* e *formas de lei*, mas é, antes, a nua divisa da espada nua, único juiz e júri em todas as questões de *meum* e *teum*. Nesse tempo, os únicos três ofícios florescentes (além do de padre, que floresce sempre) são os de rei, ladrão e mendigo, sendo o mendigo, na maioria dos casos, um rei desalentado, e o ladrão, um rei esperançoso. À primeira pergunta que se faz a um estrangeiro – se é mendigo ou ladrão[4] – ele geralmente responde assumindo o primeiro título e espera a oportunidade conveniente para reivindicar o segundo.

O natural desejo de todos os homens de açambarcar tanto poder e propriedade quanto são capazes de adquirir, por quaisquer meios pelos quais a força cria o direito, faz-se acompanhar pelo desejo não menos natural de tornar conhecida, por tantos quanto possível, a extensão de suas vitórias nesse jogo universal. O guerreiro bem-sucedido torna-se chefe; o chefe bem-sucedido torna-se rei: sua necessidade seguinte é um órgão para disseminar a fama dos seus feitos e a extensão das suas posses, e esse órgão ele encontra no bardo, que está sempre pronto a celebrar a força do seu braço, tendo antes se inspirado devidamente na do seu vinho. Essa é a origem da poesia, que, como todos os outros ofícios, nasce

---

3. Isto é, ritmos. Observe-se que, até em torno do século XVIII, o inglês *number* e o português *número*, usados normalmente no plural e em referência à poesia, tinham o significado de "ritmo". Embora o emprego dessas palavras nesse sentido já não fosse comum no século XIX, tanto em inglês como em português, a tradução se manteve fiel à opção do autor.
4. [N. A.] Ver *Odisseia* (*passim*) e Tucídides (I, 5).

As quatro idades da poesia

da demanda por mercadoria e floresce proporcionalmente à extensão do mercado.

A poesia é, pois, na origem, panegírica. Os primeiros rudes cantos de todas as nações parecem breves notas históricas, em tom de túmida hipérbole, sobre as proezas e posses de uns poucos indivíduos preeminentes. Contam-nos em quantas batalhas lutou um desses indivíduos, quantos elmos fendeu, quantas couraças transpassou, quantas viúvas fez, de quantas terras se apropriou, quantas casas arrasou para os outros, que grande casa construiu para si próprio, quanto ouro nela guardou, e quão liberal e fartamente paga, alimenta e embriaga os bardos divinos e imortais, os filhos de Júpiter, sem cujos cantos imorredouros pereceriam os nomes dos heróis.

Esse é o primeiro estágio da poesia, anterior à invenção da escrita. A modulação numerosa[5] é simultaneamente útil como auxiliar da memória e agradável ao ouvido de homens incultos, que se deixam facilmente arrebatar pelo som; e, dada a extraordinária flexibilidade da linguagem ainda por formar, o poeta não violenta suas ideias ao sujeitá-las aos grilhões do número.[6] O selvagem de fato balbucia em cadências,[7] e todo povo rude e incivilizado se expressa de maneira que chamamos *poética*.

O cenário que o rodeia e as superstições que constituem o credo de sua época formam a mente do poeta. Penhascos, montanhas, mares, florestas insubmissas, rios inavegáveis rodeiam-no com formas de poder e de mistério que a ignorância e o medo povoaram de espíritos, conhecidos sob

---

5. Isto é, rítmica. Ver nota 3.
6. Ver nota 3.
7. No original, *numbers*, palavra que, nesta ocorrência, preferimos traduzir por "cadências", e não, como nas demais, por "números".

múltiplos nomes de deuses, semideuses, ninfas, gênios e demônios. Histórias maravilhosas de todos esses personagens encontram-se na realidade: as ninfas não são indiferentes aos jovens formosos, e os gênios-cavalheiros ficam perturbados e muito inconvenientes com sua propensão de serem grosseiros com as moças bonitas; o bardo, portanto, não tem dificuldade em traçar a genealogia do seu chefe até qualquer das divindades da vizinhança com quem o dito chefe possa estar mais desejoso de reclamar uma relação de parentesco.

Nessa busca, como em todas as outras, é claro que alguns obterão notável preeminência, e esses gozarão de altas honrarias, como Demódoco[8] na *Odisseia*, ficando, consequentemente, inflados de vaidade sem limites, como Tâmiris[9] na *Ilíada*. Os poetas são, até então, os únicos historiadores e cronistas do seu tempo e os exclusivos depositários de todo o conhecimento de sua época; e, embora esse conhecimento seja mais uma tosca agregação de fantasias tradicionais do que uma coleção de verdades proveitosas, contudo, ainda assim, eles o possuem para si próprios. Permanecem observando e pensando, enquanto outros saqueiam e lutam; e, embora seu objetivo não seja mais do que assegurar uma parte dos despojos, eles alcançam tal fim por meio do poder intelectual, e não da força física. Seu sucesso provoca emulação para o alcance de eminência intelectual; assim, aguçam seu próprio juízo e despertam o dos outros, ao mesmo tempo que satisfazem a vaidade e divertem a curiosidade. Uma hábil demonstração do pouco conhecimento que têm granjeia-lhes o crédito de possuírem muito mais daquilo que não têm. Sua familiaridade com a

---

8. Um rapsodo mítico, transformado em personagem da *Odisseia*.
9. Músico e cantor mítico, transformado em personagem da *Ilíada*.

As quatro idades da poesia

história secreta de deuses e gênios lhes rende, sem grande dificuldade, a reputação de inspirados; assim, são não apenas historiadores, mas teólogos, moralistas e legisladores, proferindo seus oráculos *ex-cathedra* e sendo mesmo, muitas vezes – como Orfeu e Anfion –,[10] eles próprios vistos como parte ou emanação da divindade, construindo cidades com uma canção e conduzindo bestas com uma sinfonia,[11] o que constitui simples metáforas para a faculdade de conduzir multidões pelo cabresto.

A idade áurea da poesia encontra seus materiais na idade de ferro. Essa idade se inicia quando a poesia começa a ser retrospectiva; quando se estabelece algo como um sistema mais amplo de organização política; quando a força do indivíduo e sua coragem já não servem tanto para engrandecer aquele que as possui, bem como para fazer e unir reis e reinos, sendo eles controlados por corporações, instituições sociais e sucessões hereditárias. Além disso, os homens vivem mais à luz da verdade e no intercâmbio de experiências, e assim percebem que a intervenção de deuses e gênios não é tão frequente entre eles quanto era entre seus ancestrais, a julgar pelas canções e lendas de tempos passados. A partir dessas duas circunstâncias – poder pessoal efetivamente diminuído e familiaridade com deuses e gênios aparentemente diminuída –, tiram eles, muito fácil e naturalmente, duas conclusões: primeiro, que os homens degeneraram; segundo, que se acham menos favorecidos pelos deuses. Os povos dos pequenos estados e colônias, que agora adquiriram estabilidade e forma, que devem sua origem e prosperidade inicial aos talentos

---

10. Músicos e poetas míticos.
11. Segundo a mitologia grega, prodígios operados respectivamente por Anfion e Orfeu, com o simples exercício de seus dons de músicos-poetas.

e à coragem de um só chefe, engrandecem seu fundador por entre as brumas da distância e da tradição, e divisam-no realizando prodígios, com um deus ou uma deusa sempre ao lado. Acham assim o nome e as façanhas dele engrandecidos e acompanhados nos cantos tradicionais, que constituem seus únicos memoriais. Tudo o que dele se diz está no personagem. Nada há que o contradiga. O homem, suas façanhas e suas divindades tutelares se misturam e se combinam numa associação invariável. O maravilhoso também é muito semelhante a uma bola de neve: cresce à medida que rola encosta abaixo, até esconder-se, sob o acúmulo de hipérboles, o pequeno núcleo de verdade que começou a descida desde o cume.

Quando a tradição, assim ornada e exagerada, cercou de tanto poder adventício e magnificência os fundadores de famílias e estados, não há louvor que um poeta vivo possa dirigir a um chefe vivo – sem receio de ser expulso por desajeitada adulação – que não venha ainda a deixar a impressão de que este não é tão grande como seus ancestrais. O homem, neste caso, deve ser louvado através de seus ancestrais, cuja grandeza deve ser estabelecida, de modo que ele possa ser apresentado como digno descendente daqueles. Todo povo se interessa pelo fundador do seu estado. Todos os estados que se harmonizaram numa forma comum de sociedade se interessam pelos seus respectivos fundadores. Todos os homens se interessam por seus ancestrais. Todos os homens gostam de olhar para trás, para os tempos que passaram. Nessas circunstâncias é que a tradicional poesia das nações é reconstruída e, como o caos, conduzida à ordem e à forma. O interesse é mais universal, o entendimento se amplia, a paixão ainda tem alcance e papel, os caracteres ainda são variados e fortes, a natureza ainda permanece insubmissa e

As quatro idades da poesia

existindo em toda a sua beleza e magnificência, e os homens ainda não foram excluídos da experiência pelo tamanho das cidades ou o confinamento cotidiano da vida civil: a poesia é mais arte; requer mais destreza com os números,[12] mais domínio da língua, conhecimento mais extenso e variado, e mais capacidade da mente. Existe ainda sem rivais em qualquer outro compartimento da literatura, e mesmo as artes – certamente a pintura e a escultura, e talvez a música – são comparativamente rudes e imperfeitas. Todo o campo do intelecto é seu. Não tem rival na história, na filosofia, na ciência. É cultivada pelos maiores intelectos da época e ouvida por todos os demais. Essa é a época de Homero, a idade áurea da poesia. A poesia alcançou agora a perfeição, alcançou o limite que não pode ultrapassar; o gênio, pois, busca novas formas para o tratamento dos mesmos assuntos, daí a poesia lírica de Píndaro e Alceu e a poesia trágica de Ésquilo e Sófocles. O favor dos reis, a glória da coroa olímpica, o aplauso das multidões contemporâneas, tudo o que pode alimentar a vaidade e estimular a rivalidade está reservado aos cultores bem-sucedidos dessa arte, até que suas formas se esgotem e surjam novos rivais à sua volta em novos campos da literatura, que gradualmente adquirem mais influência, à medida que, com o progresso da razão e da civilização, os fatos se tornam mais interessantes que a ficção: na verdade, a maturidade da poesia pode ser considerada a infância da história. A transição de Homero a Heródoto é menos notável do que a de Heródoto a Tucídides: pelo gradual abandono do incidente fabuloso e da linguagem ornamentada, Heródoto é mais poeta em relação a Tucídides tanto quanto Homero o é em relação a Heródoto. A história de Heródoto é um

---

12. Ver nota 3.

semipoema: foi escrita enquanto todo o campo da literatura pertencia às musas, e nos nove livros em que foi composta, inscreveram-se, portanto, os seus nove nomes, tanto por direito como por cortesia.[13]

Especulações, também, e disputas sobre a natureza do homem e da mente, sobre deveres morais, sobre o bem e o mal, sobre os elementos animados e inanimados do mundo visível começam a competir com os ovos de Leda[14] e os cornos de Io,[15] desviando da poesia parte de sua audiência antes indivisa.

Em seguida, vem a idade de prata, ou a poesia da vida civilizada. Essa poesia é de duas espécies: imitativa e original. A imitativa consiste em remodelar a poesia da idade de ouro, aplicando-lhe um requintado verniz: dela, Virgílio é o exemplo mais óbvio e mais notável. A original é principalmente cômica, didática ou satírica, como em Menandro, Aristófanes, Horácio e Juvenal. A poesia dessa idade se caracteriza por requintada e fastidiosa seleção de palavras, bem como por certa harmonia de expressão elaborada e um tanto monótona; mas sua monotonia consiste no seguinte: tendo a experiência esgotado todas as variedades de modulação, a poesia civilizada seleciona as

---

13. As chamadas *Histórias de Heródoto*, compostas no século V a.C., foram depois divididas pelos eruditos de Alexandria em nove livros, individualizados com o nome de cada uma das nove musas, segundo a arte que cada qual favorecia: Clio (história), Euterpe (poesia lírica), Tália (comédia e poesia ligeira), Melpômene (tragédia), Terpsícore (poesia épica e eloquência), Érato (poesia amorosa), Polímnia (hinos religiosos e filosofia), Urânia (astronomia) e Calíope (poesia épica, lírica e eloquência).
14. Segundo a mitologia grega, rainha que, seduzida por Zeus metamorfoseado em cisne, pôs dois ovos, que lhe deram dois pares de filhos.
15. Segundo a mitologia grega, sacerdotisa que, amada por Zeus, foi transformada por ele numa novilha branca, expediente por meio do qual o deus ocultou aquele amor clandestino.

mais belas e prefere repeti-las a percorrê-las todas. Mas sendo a melhor expressão aquela em que a ideia recai naturalmente, requer-se o máximo de trabalho e cuidado para reconciliar a inflexibilidade da linguagem civilizada e o elaborado verniz da versificação com a ideia que se pretende exprimir, de modo que o sentido não pareça sacrificado ao som. Daí os inúmeros esforços e os raros sucessos.

Esse estado da poesia constitui, no entanto, um passo para sua extinção. O que melhor pinta e suscita o sentimento e a paixão é a linguagem ornamental e figurativa, mas o que melhor se sintoniza com a razão e o entendimento é a locução mais simples e mais desataviada. A pura razão e a verdade desapaixonada seriam perfeitamente ridículas em verso, como podemos constatar versificando uma das demonstrações de Euclides. Isso se verifica verdadeiro quanto a qualquer raciocínio desapaixonado e que requeira largas vistas e amplas relações. Somente os aspectos mais tangíveis da moral, aqueles que exigem imediata anuência, aqueles que se espelham em cada mente, e nos quais o rigor da razão se tempera e se torna palatável ao misturar-se com o sentimento e a imaginação, é que são aplicáveis até ao que se chama *poesia moral*; e à medida que as ciências da moral e da mente avançam em direção à perfeição, à medida que se tornam mais amplas e compreensivas em suas visões, à medida que nelas a razão ganha ascendência sobre a imaginação e o sentimento, a poesia já não pode acompanhá-las no seu progresso, ficando para trás e as deixando avançarem sozinhas. Assim o império do pensamento é retirado da poesia, tal como antes o fora o império dos fatos. No que diz respeito a este, o poeta da idade de ferro celebra os feitos dos seus contemporâneos; o poeta da idade de ouro, os heróis da idade de ferro; e o poeta da idade de prata remodela os poemas da idade de ouro: podemos ver aqui como basta um tenuíssimo raio da verdade histórica para dissipar todas as ilusões da poesia. Não sabemos dos homens mais do que dos deuses da *Ilíada*; não mais de Aquiles[16] do que de Tétis;[17] não mais de Heitor e Andrômaca[18] do que de Vênus e Vulcano: todos pertencem à poesia, e não há parte deles na história. Mas Virgílio foi sábio o bastante para não escrever uma epopeia sobre César: deixou-a para Lívio[19] e viajou, fora dos limites da verdade e da história, para as velhas regiões da poesia e da ficção.

O bom senso e a elegante erudição, veiculados em verso polido e um tanto monótono, constituem a perfeição da poesia original e da imitativa da vida civilizada. Seu alcance é limitado e, quando exaurido, nada mais resta senão a *crambe repetita*[20] do lugar-comum, que, ao fim e ao cabo, se torna completamente enfadonho, mesmo para os mais infatigáveis leitores das mais novas nulidades novas.

É então evidente que a poesia deve ou deixar de ser cultivada ou atirar-se a novos caminhos. Os poetas da idade de ouro foram tão imitados e repetidos a ponto de nenhuma imitação atrair mais a atenção; exauriu-se o limitado alcance da poesia ética e didática; num estado avançado da sociedade, as associações da vida cotidiana se dão com fatos áridos, metódicos e nada poéticos: mas há sempre uma multidão de ociosos negligentes ansiando por divertimento e abertos à novidade, e o poeta se vangloria de ser o primeiro entre os seus fornecedores.

16. Personagem homérico de existência supostamente histórica.
17. Nome de uma deusa e também de uma ninfa, ambas seres mitológicos.
18. Personagens homéricos de existência supostamente histórica.
19. Tito Lívio (59 a.C.-17 d.C.), historiador latino.
20. "Repolho requentado"; a expressão figura nas *Sátiras* (VII, 154) de Juvenal.

As quatro idades da poesia

Vem em seguida a idade de bronze, que, rejeitando a erudição e o verniz da idade de prata, e dando mais um largo passo atrás em direção à barbárie e às primitivas tradições da idade de ferro, professa o retorno à natureza e o reviver da idade de ouro. Essa é a segunda infância da poesia. A vasta energia da musa homérica, que, dando de imediato o grandioso perfil das coisas, apresentava à mente um quadro vívido em um ou dois versos, inimitável tanto em simplicidade como em magnificência, é substituída por uma descrição verbosa e miudamente detalhada de pensamentos, paixões, ações, pessoas e coisas, naquele estilo de verso frouxo e divagante – que qualquer um pode escrever – *stans pede in uno*,[21] à razão de duzentos versos por hora. Podem situar-se nessa idade todos os poetas que floresceram no declínio do Império Romano; o seu melhor espécime, embora não o mais geralmente conhecido, são *As dionisíacas*, de Nono de Panópolis,[22] que contêm inúmeras passagens de inexcedível beleza em meio a tanta amplificação e repetição.

A idade de ferro da poesia clássica pode chamar-se *bárdica*; a de ouro, *homérica*; a de prata, *virgiliana*; e a de bronze, *nônica*.

A poesia moderna também tem suas quatro idades, porém "usa sua arruda de outra forma".[23]

À idade de bronze no mundo antigo sucedeu a idade das trevas, em que a luz do Evangelho começou a espalhar-se pela Europa e em que, por uma misteriosa e inescrutável concessão divina, a escuridão se adensava com

---

21. "Apoiado num só pé", isto é, manco, coxo ou, conforme nosso idiomatismo, "com os pés nas costas". A expressão se encontra nas *Sátiras* (I, 4, 10) de Horácio.
22. Poeta grego (século IV-V d.C.).
23. Cf. *Hamlet* (IV, 5, 181).

o progredir da luz. As tribos que devastaram o Império Romano trouxeram de volta os tempos da barbárie, mas com uma diferença: havia muitos livros no mundo, muitos lugares onde eram preservados, e ocasionalmente alguém que os lia, e que na verdade (se escapasse à fogueira *pour l'amour de Dieu*) vivia geralmente como objeto de misterioso temor, com a reputação de mágico, alquimista e astrólogo. O emergir das nações da Europa dessa nova barbárie – e sua fixação em novas formas de organização política – foi acompanhado, como o foram os primeiros tempos da Grécia, por impetuoso espírito de aventura, que, junto com novos hábitos e novas superstições, fez nascer uma nova seara de quimeras, não menos fértil que a da Grécia, embora muito menos bela. A semideificação das mulheres pelos princípios da época da cavalaria, combinando-se com estas novas fábulas, produziu o romance da Idade Média. Os fundadores dessa nova linhagem de heróis tomaram o lugar dos semideuses da poesia grega. Carlos Magno e seus paladinos, Artur e os cavaleiros da Távola Redonda, heróis da idade de ferro da poesia cavaleiresca, eram vistos através da mesma magnificente bruma de distância, e suas proezas eram celebradas por hipérboles ainda mais exorbitantes. Essas lendas, combinadas com o exagerado amor que pervaga as canções dos trovadores, com a reputação de mágicos atribuída aos eruditos, com os prodígios infantis da filosofia natural, com o louco fanatismo das Cruzadas, com o poder e os privilégios dos grandes senhores feudais e com os santos mistérios de monges e freiras, constituíam uma forma de sociedade em que dois leigos não podiam encontrar-se sem entrar em luta e em que os três ingredientes essenciais – amante, lidador e fanático – que compunham a base do caráter de todo verdadeiro homem se misturavam e se diversificavam, em

As quatro idades da poesia

diferentes indivíduos e classes, com tantas e tão distintas dignidades, e em infinita e multicolorida variedade de trajes, a ponto de dar a extensão do mais vasto e pitoresco campo aos dois grandes componentes da poesia: o amor e a batalha. Desses ingredientes da idade de ferro da poesia moderna, disseminados pelas rimas dos menestréis e pelas canções dos trovadores, nasceu a idade áurea, em que os materiais dispersos foram combinados e harmonizados ao tempo do renascer da erudição, mas com uma peculiar diferença: a literatura grega e a romana pervagaram toda a poesia da idade áurea da poesia moderna, daí resultando um composto heterogêneo de todas as idades e nações num só quadro, infinito privilégio que deu ao poeta a livre extensão de todo o campo da imaginação e da memória. Isso foi levado muito longe por Ariosto, porém mais longe ainda por Shakespeare e seus contemporâneos, que usaram o tempo e o espaço meramente porque não podiam passar sem eles, porque toda ação tem de ter o seu quando e o seu onde. Mas não tiveram qualquer escrúpulo em substituir um imperador romano por um conde italiano e enviá-lo, disfarçado de peregrino francês, para ser fuzilado pelo bacamarte de um arqueiro inglês. Isso torna o velho drama inglês muito pitoresco sob diversos aspectos, como variedade dos trajes, e muito diversificado nas ações e personagens, embora não seja retrato de nada jamais visto sobre a terra, exceto um carnaval veneziano.

Do maior dos poetas ingleses – Milton – pode-se dizer que ele se ergue sozinho entre as idades de ouro e de prata, combinando as excelências de ambas, pois, a toda energia, poder e frescor daquela, uniu toda a erudita e elaborada magnificência desta.

Seguiu-se a idade de prata, começando com Dryden, atingindo a perfeição com Pope e terminando com Goldsmith,[24] Collins[25] e Gray.[26]

Cowper[27] despiu o verso de seu requintado verniz; pensou em linguagem metrificada, mas deu mais atenção ao pensamento do que ao verso. Seria difícil traçar a fronteira de prosa e verso branco entre suas cartas e sua poesia.

A idade de prata foi o reino da autoridade, porém a autoridade agora começava a ser abalada não apenas na poesia, mas em todos os domínios. Os contemporâneos de Gray e Cowper foram pensadores profundos e elaborados. O sutil ceticismo de Hume, a solene ironia de Gibbon, os ousados paradoxos de Rousseau e a zombaria mordaz de Voltaire dirigiram as energias dessas quatro mentes extraordinárias para abalar todas as partes do reino da autoridade. Despertou-se a indagação, estimulou-se a atividade do intelecto, e a poesia compareceu para reclamar sua parte do resultado geral. As transformações foram proclamadas em belas moças e sombras silvestres, calores de verão e verdes retiros, árvores ao vento e suspiros de brisas, gentis pastores e mágoas de amor, por versejadores crédulos que as tomavam por algo muito suave e terno, não se importando em saber bem de que se tratava. Com tal atividade geral do intelecto, no entanto, veio uma necessidade de até mesmo os poetas aparentarem saber alguma coisa daquilo sobre o que se propunham a falar. Thomson[28] e Cowper olharam as árvores e os montes sobre os quais por tanto tempo tantos

---

24. Oliver Goldsmith (1728-1774), poeta, romancista e dramaturgo irlandês.
25. William Collins (1721-1759), poeta inglês.
26. Thomas Gray (1716-1771), poeta inglês.
27. William Cowper (1731-1800), poeta inglês.
28. James Thomson (1700-1748), poeta escocês.

cavalheiros engenhosos tinham rimado sem absolutamente os olhar, e o efeito dessa operação na poesia foi semelhante à descoberta de um novo mundo. A pintura partilhou desse influxo, e os princípios da beleza pitoresca foram explorados por temerários ensaístas com infatigável persistência. O sucesso que acompanhou essas experiências e o prazer que delas resultou tiveram o efeito usual de todos os novos entusiasmos: transtornaram a cabeça de alguns desafortunados, os patriarcas da idade de bronze, que, tomando a novidade proeminente pela totalidade fundamental, parece terem raciocinado mais ou menos do seguinte modo: "O gênio poético é a mais bela de todas as coisas, e sentimos que dele jamais ninguém teve tanto quanto nós. O meio de levá-lo à perfeição consiste em cultivar exclusivamente as impressões poéticas. As impressões poéticas só podem ser recebidas entre as cenas da natureza, pois tudo o que é artificial é antipoético. A sociedade é artificial, e assim viveremos fora da sociedade. As montanhas são naturais, e assim viveremos nas montanhas. Lá seremos modelos cintilantes de pureza e de virtude, passando o dia todo na inocente e amável ocupação de subir e descer o monte, recebendo impressões poéticas e as comunicando em verso imortal a gerações extasiadas". A tais perversões do intelecto devemos essa egrégia confraria de rimadores conhecida pelo nome de *poetas dos lagos*,[29] que, certamente, de fato receberam e comunicaram ao mundo algumas das mais extraordinárias impressões poéticas de que jamais se ouviu falar – e acrisoladas em modelos de virtude pública –, esplêndidas

---

29. Grupo de poetas românticos ingleses, em que se destacam Wordsworth (1770-1850) e Coleridge (1772-1834), que residiram e se inspiraram no Lake District, região do noroeste da Inglaterra famosa pela beleza de suas montanhas, lagos, prados e florestas.

demais para precisarem de explicação. Escreveram versos segundo um princípio novo; viram rochedos e rios sob nova luz; e, permanecendo estudadamente ignorantes da história, da sociedade e da natureza humana, cultivaram somente a fantasia, a expensas da memória e da razão; e, embora se tivessem retirado do mundo com o manifesto propósito de ver a natureza tal como ela era, engendraram meios de vê-la somente como não era, convertendo a terra em que viviam numa espécie de reino das fadas, que povoaram de misticismos e quimeras. Isso deu à poesia o que se chama *um novo tom* e conjurou um bando de imitadores desesperados, que levaram a idade de bronze prematuramente à sua senilidade.

A poesia descritiva de hoje em dia tem sido chamada pelos seus cultores de *um retorno à natureza*. Nada mais impertinente do que essa pretensão. A poesia não pode sair das regiões onde nasceu, as terras incultas dos homens semicivilizados. O Sr. Wordsworth, chefe supremo dos retornados à natureza, não é capaz de descrever uma cena sob seus próprios olhos sem lá pôr a sombra de um rapaz dinamarquês ou o espectro vivo de Lucy Gray,[30] ou qualquer outro parto fantástico dos humores de sua própria mente.

Na origem da poesia e no seu estado de perfeição, todas as associações da vida se compunham de materiais poéticos. Ocorre conosco decididamente o contrário. Sabemos também que não há dríades no Hyde Park nem náiades no Regent's Canal,[31] mas costumes bárbaros e intervenções sobrenaturais são essenciais à poesia. Quer no espaço quer no tempo, ou em ambos, ela deve ficar distante de nossas percepções

---

30. Figuras dos poemas de Wordsworth.
31. Locais famosos da geografia urbana de Londres.

comuns. Enquanto o historiador e o filólogo fazem avançar o conhecimento e aceleram seu progresso, o poeta chafurda no lixo da falecida ignorância, revolvendo as cinzas de selvagens mortos à procura de bugigangas e chocalhos para as crianças crescidas da nossa época. O Sr. Scott desenterra os caçadores furtivos e os ladrões de gado da antiga fronteira. Lorde Byron cruza os mares em demanda de ladrões e de piratas nas costas da Moreia e por entre as ilhas gregas. O Sr. Southey[32] patina em ponderosos volumes de viagens e velhas crônicas, dos quais seleciona com cuidado tudo o que é falso, inútil e absurdo, como se fosse essencialmente poético; e quando obtém um rol de lugares-comuns cheio de monstruosidades, enfia-os numa epopeia. O Sr. Wordsworth colhe, de velhas e sacristães, lendas de aldeia; o Sr. Coleridge, à valiosa informação obtida em fontes semelhantes acrescenta os sonhos de teólogos loucos e os misticismos da metafísica alemã, favorecendo o mundo com visões em verso, nas quais o elemento quádruplo de sacristão, velha, Jeremy Taylor[33] e Immanuel Kant se harmoniza numa deliciosa combinação poética. O Sr. Moore[34] nos presenteia com um conto persa, e o Sr. Campbell,[35] com um da Pensilvânia, ambos compostos segundo o mesmo princípio da epopeia do Sr. Southey, isto é, extraindo, de leitura superficial e incoerente de uma coleção de relatos de viagens e peregrinações, tudo o que uma investigação proveitosa não procuraria e o bom senso rejeitaria.

Essas desconjuntadas relíquias de tradição e esses fragmentos de observações de segunda mão, sendo urdidos num

---

32. Robert Southey (1774-1843), um dos poetas dos lagos.
33. Clérigo e pregador anglicano (1613-1667).
34. Thomas Moore (1779-1852), poeta irlandês.
35. Thomas Campbell (1767-1844), poeta escocês.

tecido de versos construído segundo o que o Sr. Coleridge chama *um princípio novo* (isto é, nenhum princípio), formam um composto moderno-antigo de trapos e barbarismos em que a sentimentalidade lamurienta da época atual se enxerta na deturpada rudeza do passado, constituindo uma agregação heterogênea de maneiras desconexas, suficiente para engambelar os leitores comuns de poesia, sobre cujo entendimento os poetas dessa espécie possuem imperiosa ascendência, o que, em qualquer circunstância e condição da vida, um homem que saiba alguma coisa, pouco que seja, sempre possui em relação àquele que nada sabe.

Um poeta no nosso tempo é um semibárbaro numa comunidade civilizada. Vive em tempos passados; suas ideias, pensamentos, sentimentos, associações se acham cheias de hábitos bárbaros, costumes obsoletos e superstições desacreditadas. A marcha do seu intelecto é como a do caranguejo, isto é, para trás. Quanto mais brilhante a luz difundida ao seu redor pelo progresso da razão, mais densa a escuridão da barbárie antiquada em que ele se enterra, como a toupeira, para vomitar os estéreis montículos dos seus labores cimérios. A tranquilidade mental filosófica que, com olhos neutros, observa em torno as coisas exteriores, coleciona uma provisão de ideias, discrimina seu valor relativo, atribui a todas seu lugar próprio e, a partir desses materiais do conhecimento proveitoso assim colecionados, avaliados e ordenados, forma novas combinações que imprimem o selo do seu poder e utilidade nas verdadeiras ocupações da vida, é diametralmente oposta a esse estado de espírito que a poesia inspira ou do qual ela pode emanar. As mais elevadas inspirações da poesia podem-se resolver em três ingredientes: a expressão bombástica da paixão desgovernada, o queixume do sentimento exagerado e o calão

As quatro idades da poesia

hipócrita da sentimentalidade factícia; por isso, só podem elas servir para consumar um esplêndido lunático como Alexandre,[36] um tolo lamuriento como Werther[37] ou um mórbido sonhador como Wordsworth. A poesia nunca pode fazer um filósofo, nem um estadista, nem um homem útil e racional em qualquer situação da vida. Não pode reclamar a menor parte em qualquer dos confortos e facilidades da vida, dos quais temos testemunhado tantos e tão rápidos avanços. Mas embora não proveitosa, dela se pode dizer que é altamente ornamental e que merece ser cultivada pelo prazer que proporciona. Mesmo que tal se admita, daí não segue que um escritor de poesia, no estado presente da sociedade, não desperdice seu tempo nem roube o dos outros. A poesia não é uma dessas artes que, como a pintura, para ser difundida na sociedade requeira repetição e multiplicação. Já existem bons poemas mais que suficientes para ocupar a parte da vida que qualquer simples leitor e receptor de impressões poéticas deveria devotar-lhes, e esses, tendo sido produzidos em tempos poéticos, são muito superiores, sob todos os aspectos da poesia, às reconstruções artificiais de uns poucos mórbidos ascetas em tempos não poéticos. Ler o promíscuo lixo da atualidade em detrimento do tesouro seleto do passado é substituir pelo pior a melhor variedade da mesma espécie de deleite.

Mas qualquer que seja o grau em que se cultive a poesia, necessariamente isso há de implicar negligência em algum ramo de estudo proveitoso; e é um espetáculo lamentável ver mentes capazes de melhor coisa saírem correndo para depositar sementes na indolência especiosa desses arremedos

---

36. Referência obscura cujo sentido tem escapado aos editores e comentadores do ensaio.
37. Herói do romance *Os sofrimentos do jovem Werther* (1774), de Goethe.

de esforço intelectual vazios e sem propósito. A poesia foi o chocalho mental que despertou a atenção do intelecto na infância da sociedade civil; mas para a maturidade da mente, fazer dos brinquedos de sua infância uma ocupação séria é tão absurdo quanto um homem adulto polir as gengivas com coral, e chorar para que o façam adormecer encantado pelo bimbalhar de sinos de prata.

Quanto a essa pequena parte da nossa poesia contemporânea que não é descritiva, nem narrativa, nem dramática, e que, à falta de melhor nome, pode ser chamada de ética, consistindo a sua parte mais notável apenas em rapsódias egotistas e rabugentas que exprimem a imensa insatisfação do autor com o mundo e com tudo o que nele existe, serve simplesmente para confirmar o que foi dito do caráter semibárbaro dos poetas, que cantavam ditirambos e "Io Triumphe"[38] quando a sociedade era selvagem, mas que ficam raivosos e fora do seu ambiente quando ela se torna polida e esclarecida.

Ora, quando verificamos que os poetas devem dirigir sua cantoria não à parte da comunidade pensante e estudiosa, científica e filosófica, nem àqueles cujas mentes se inclinam pela procura e promoção de fins e propósitos permanentemente proveitosos, mas àquela parte muito maior do público leitor cujas mentes não despertaram para o desejo de conhecimento valioso e que são indiferentes a tudo que não seja deixar-se encantar, comover, excitar, emocionar e elevar: encantar-se pela harmonia, comover-se pela sentimentalidade, excitar-se pela paixão, emocionar-se pelo patético e elevar-se pelo sublime: harmonia, que é a linguagem no

---

38. Na antiga Roma, exclamação ou brado de multidões ou plateias em desfiles de tropas vitoriosas. Nos espetáculos teatrais, usada para chamar os atores após a última cena, com vistas ao recebimento dos aplausos.

leito de Procusto;[39] sentimentalidade, que é o egotismo hipócrita sob a máscara de sentimento refinado; paixão, que é a comoção de uma mente fraca e egoísta; patético, que é a lamúria de um espírito efeminado; e sublime, que é o inchaço de uma cabeça vazia; quando verificamos que os grandes e permanentes interesses da sociedade humana se tornam cada vez mais a mola da demanda intelectual; que, à proporção que isso ocorre, a subordinação do ornamental ao proveitoso será cada vez mais vista e reconhecida; e que, portanto, o progresso da arte proveitosa e da ciência, bem como do conhecimento moral e político, continuará, cada vez mais, a desviar a atenção dos estudos frívolos e inconsequentes para os sólidos e consequentes; que, portanto, a audiência da poesia não só diminuirá continuamente na proporção direta do restante do público leitor, mas também decairá cada vez mais em comparação com os conhecimentos intelectuais; quando verificamos que o poeta ainda tem de agradar à audiência e deve, portanto, continuar decaindo até o seu nível, enquanto o restante da comunidade se eleva acima dela, podemos facilmente conceber que não está longe o dia em que a condição degradada de toda espécie de poesia será generalizadamente reconhecida, como há muito tempo está a poesia dramática; e isso não a partir de decréscimo quer da capacidade intelectual quer dos conhecimentos intelectuais, mas porque estes se voltaram para outras e melhores vias, abandonando o cultivo e o destino da poesia à degenerada arraia miúda dos modernos rimadores e seus

39. Segundo a mitologia grega, bandoleiro de estrada que, quando aprisionava os viajantes, obrigava-os a se deitarem num leito de ferro; se eram maiores do que o leito, cortava as partes excedentes dos seus corpos; se menores, esticava-os até preencherem a cama que lhes era destinada. A expressão "leito de Procusto", assim, figura um suplício que consiste em acomodar-se, com grande dificuldade, a algo que constrange ou limita.

olímpicos juízes, os críticos das revistas, que continuam a debater e promulgar oráculos sobre a poesia, como se ela ainda fosse o que era na época homérica, a quintessência do avanço intelectual, como se não existissem coisas como matemáticos, astrônomos, químicos, moralistas, metafísicos, historiadores, políticos e economistas, os quais edificaram nas esferas mais elevadas da inteligência uma pirâmide, de cujo topo veem o moderno Parnaso bem abaixo deles, e sabendo o quanto é pequeno o lugar que ele ocupa na extensão do seu panorama, sorriem em face da pouca ambição e das acanhadas percepções com que os tolos e os charlatães lá instalados lutam pela palma poética e pela cátedra crítica.

Defesa da poesia
Percy Bysshe Shelley

De acordo com um modo de ver as classes de ação mental chamadas *razão* e *imaginação*, pode-se considerar a primeira como a mente no ato de contemplar as relações que um pensamento mantém com outro, independentemente de como foram eles produzidos; e a segunda, como a mente no ato de contemplar esses pensamentos, colorindo-os com sua própria luz e compondo a partir deles, como seus constituintes, outros pensamentos, cada um contendo em si o princípio de sua própria integralidade. Uma é o τὸ ποιεῖν,[1] ou princípio de síntese, e tem como objeto as formas que são comuns à natureza universal e à própria existência; a outra é o τὸ λογὶζειν,[2] ou princípio de análise, e sua ação vê as relações entre as coisas simplesmente como relações, considerando os pensamentos não em sua unidade integral, mas como representações algébricas que conduzem a certos resultados gerais. A razão é a enumeração de quantidades já conhecidas; a imaginação é a percepção do valor dessas quantidades, tanto isoladamente como quanto conjunto.

1. Transliterando em caracteres latinos, *tò poieîn*, "fazer", étimo das palavras "poesia" e "poeta".
2. Transliterando em caracteres latinos, *tò logízein*, "raciocinar", étimo da palavra "lógica".

A razão observa as diferenças, e a imaginação, por sua vez, as semelhanças entre as coisas. A razão está para a imaginação como o instrumento está para o agente, como o corpo para o espírito, como a sombra para a substância.

A poesia, em sentido geral, pode ser definida como "a expressão da imaginação", sendo congênita à origem do homem. E o homem é um instrumento sobre o qual incide uma série de impressões externas e internas, como as alternâncias de um vento sempre cambiante sobre uma lira eólia,[3] que a agita com seu movimento, fazendo-a vibrar em melodia sempre cambiante. Mas há um princípio no interior do ser humano – e talvez em todos os seres sensíveis – que, diferentemente do que ocorre com a lira, não produz só melodia, mas harmonia, por um concerto interno entre os sons ou movimentos assim suscitados e as impressões que os suscitam. É como se a lira pudesse ajustar suas cordas aos movimentos daquilo que as atinge, em uma determinada medida de som, precisamente como o músico pode ajustar sua voz ao som da lira. Uma criança que brinca sozinha expressará seu prazer por meio da voz e dos movimentos; e toda inflexão de tom e todo gesto manterão relação exata com um antítipo nas impressões prazerosas que o despertaram: será ele a imagem refletida daquela impressão; e como a lira vibra e ressoa depois que o vento cessou, assim a criança, prolongando na voz e nos movimentos a duração do efeito, busca prolongar igualmente uma consciência da

---

3. Nas casas europeias do século XIX, era moda colocar nas janelas uma armação de madeira em que se dispunha um conjunto de cordas esticadas. Expostas aos ventos, as cordas vibravam, e os acordes aleatórios daí resultantes ampliavam-se por efeito da caixa de ressonância proporcionada pela armação de madeira. Esses dispositivos, especialmente em voga na época do romantismo, chamavam-se harpas (ou liras) eólicas (ou eólias), em virtude das sonoridades misteriosas e místicas que produziam.

causa. Os objetos que deliciam uma criança constituem expressões do que é a poesia para objetos mais elevados. O selvagem (pois ele está para as eras como a criança para os anos) expressa de forma similar as emoções nele produzidas pelos objetos circundantes; e a linguagem e o gesto, juntamente com a imitação plástica ou pictórica, tornam-se a imagem do efeito conjugado desses objetos e sua respectiva apreensão. O homem em sociedade, com todas as paixões e todos os prazeres, torna-se, em seguida, objeto das paixões e dos prazeres do homem; uma classe adicional de emoções produz um tesouro ampliado de expressões, e a linguagem, os gestos e as artes imitativas tornam-se imediatamente a representação e o meio, o lápis e o desenho, o cinzel e a estátua, a corda e a harmonia. As simpatias sociais, ou aquelas leis das quais, como seus constituintes, resulta a sociedade, começam a desenvolver-se a partir do momento em que dois seres humanos coexistem; o futuro está contido no presente, como a planta na semente; e a igualdade, a diversidade, a unidade, o contraste, a dependência mútua tornam-se os únicos princípios capazes de proporcionar os motivos de acordo com os quais a vontade de um ser social se dirige para a ação, na medida em que é ele social; e constituem o prazer na sensação, a virtude no sentimento, a beleza na arte, a verdade no raciocínio e o amor na comunicação da espécie. Por conseguinte, os homens, mesmo na infância da sociedade, observam certa ordem em suas palavras e ações, distinta daquela dos objetos e das impressões representadas por eles, estando toda expressão sujeita às leis daquilo de que procede. Mas dispensemos essas considerações mais gerais – que poderiam envolver uma investigação dos princípios da própria sociedade – e limitemos nossa perspectiva à maneira pela qual a imaginação é expressa em suas formas.

Na juventude do mundo, os homens dançam e cantam e imitam objetos naturais, observando nessas ações, como em todas as outras, certo ritmo ou ordem. E embora todos os homens observem uma ordem semelhante, eles não observam a mesma ordem – nos movimentos da dança, na melodia da canção, nas combinações da linguagem – na série de suas imitações de objetos naturais. Pois existe uma certa ordem ou ritmo pertencente a cada uma dessas classes de representações miméticas, as quais comunicam ao ouvinte e ao espectador um prazer mais intenso e mais puro do que de qualquer outra ordem: a sensação de certa aproximação a essa ordem tem sido chamada *gosto* pelos escritores modernos. Todo homem, na infância das artes, observa uma ordem que se aproxima menos ou mais daquela de que resulta esse deleite mais elevado; mas a diversidade não é suficientemente marcada para que suas gradações sejam perceptíveis, exceto nos casos em que o predomínio dessa faculdade de aproximação ao belo (pois assim nos permitiríamos nomear a relação entre esse prazer mais elevado e sua causa) é muito grande. Aqueles nos quais ela existe em excesso são poetas, no mais universal sentido da palavra; e o prazer resultante da maneira como eles exprimem a influência da sociedade ou da natureza em suas próprias mentes comunica-se a outros e acrescenta, a partir dessa comunhão, uma espécie de reduplicação. A linguagem deles é vitalmente metafórica; isto é, assinala as relações entre as coisas anteriormente não apreendidas e perpetua sua apreensão, até que as palavras que as representam se tornem, através do tempo, signos para partes ou classes de pensamento, em vez de imagens de pensamentos inteiros; e então, se novos poetas não surgirem para recriar as associações que foram assim desorganizadas, a linguagem estará morta para todos os propósitos mais nobres da comunicação humana. Essas similaridades ou relações são finamente caracterizadas por Lorde Bacon[4] como "as próprias pegadas da natureza impressas nos vários sistemas do mundo";[5] e ele considera a faculdade que as percebe como o celeiro de axiomas comuns a todo saber. Na infância da sociedade, todo autor é necessariamente poeta, porque a própria linguagem é poesia; e ser poeta é apreender o verdadeiro e o belo, em suma, o bem que existe na relação, subsistindo, primeiro, entre existência e percepção e, depois, entre percepção e expressão. Toda linguagem original próxima à sua fonte é em si mesma o caos de um poema cíclico: a profusão da lexicografia e as distinções da gramática são produtos de uma época posterior, constituindo meramente o catálogo e a forma das criações da poesia.

Mas os poetas, ou aqueles que imaginam e expressam essa ordem indestrutível, são não só os autores da linguagem e da música, da dança e da arquitetura, da estatuária e da pintura; eles são os instituidores das leis, os fundadores da sociedade civil, os inventores das artes da vida e os mestres que delineiam, numa certa proximidade com o belo e o verdadeiro, aquela apreensão parcial das intervenções do mundo invisível chamada *religião*. Daí que todas as religiões originárias sejam alegóricas, ou propensas à alegoria, e que, como Jano,[6] tenham uma face dupla de falso e verdadeiro. Os poetas, de acordo com as circunstâncias da época e da nação em que apareceram, foram chamados, nos primórdios do mundo, *legisladores* ou *profetas*: um poeta essencialmente

---

4. Francis Bacon (1561-1626), filósofo e estadista inglês.
5. [N. A.] *De augment. scient.*, cap. I, libr. III.
6. Jano Bifronte, deus romano dotado de dois rostos.

engloba e unifica ambos esses papéis. Pois o poeta não só contempla intensamente o presente como ele é, e descobre as leis segundo as quais as coisas presentes deveriam ser ordenadas, mas também contempla o futuro no presente, e seus pensamentos constituem as sementes da flor e o fruto dos tempos posteriores. Não que eu afirme serem os poetas profetas no sentido vulgar da palavra, ou que possam prever a forma dos acontecimentos com tanta certeza quanto preveem seu espírito: essa é a pretensão da superstição, que antes desejaria fazer da poesia um atributo da profecia do que esta um atributo daquela. Um poeta participa do eterno, do infinito e do uno; com relação a suas concepções, não existem tempo, lugar e quantidade. As formas gramaticais que expressam a variação de tempo, a diferença entre pessoas e a distinção de lugar são passíveis de alteração tendo em vista a mais elevada poesia, sem prejudicá-la como poesia; e os coros de Ésquilo, o livro de Jó e o *Paraíso* de Dante, mais do que quaisquer outros escritos, ofereceriam exemplos desse fato, se os limites deste ensaio não impedissem citações. As criações da escultura, da pintura e da música constituem ilustrações ainda mais convincentes.

Linguagem, cor, forma, modos religiosos e civis de ação constituem todos os instrumentos e materiais da poesia; podem ser chamados *poesia* em virtude daquela figura de linguagem que considera o efeito como um sinônimo da causa.[7] Mas a poesia, num sentido mais restrito, expressa as combinações de linguagem, e especialmente da linguagem métrica, criadas por aquela faculdade imperial cujo trono está oculto na natureza invisível do homem. E isso brota da própria natureza da linguagem, que constitui uma

---

7. Isto é, metonímia.

representação mais direta das ações e paixões de nosso ser interior e é suscetível de combinações mais variadas e delicadas do que a cor, a forma ou o movimento, sendo mais plástica e mais obediente ao controle daquela faculdade da qual ela é a criação. Pois a linguagem é arbitrariamente produzida pela imaginação e tem relações unicamente com os pensamentos; mas todos os outros materiais, instrumentos e modos de arte têm relações uns com os outros, as quais constituem um limite e se interpõem entre a concepção e a expressão. Aquela é como um espelho que reflete luz, esta, como uma nuvem que a esmaece, sendo ambas meios de comunicação da mesma luz. Daí que a fama de escultores, pintores e músicos – embora os poderes intrínsecos dos grandes mestres dessas artes possam não ser inferiores aos daqueles que empregaram a linguagem como o hieróglifo de seus pensamentos – nunca se tenha igualado à dos poetas no sentido estrito do termo, do mesmo modo que dois intérpretes de idêntico talento obterão de uma guitarra e de uma harpa efeitos diferentes. Somente a fama dos legisladores e dos fundadores de religiões, enquanto durarem suas instituições, parece ultrapassar a dos poetas *stricto sensu*; mas pouco restaria dessa fama se dela subtrairmos a celebridade que eles normalmente conquistam adulando as grosseiras opiniões do vulgo, tão diretamente ligada à que lhes pertencia na sua elevada condição de poetas.

Circunscrevemos assim a palavra *poesia* nos limites daquela arte que é a mais comum e a mais perfeita expressão da própria faculdade. É necessário, contudo, estreitar ainda mais o círculo e estabelecer a distinção entre a linguagem metrificada e a não metrificada, pois a divisão popular em prosa e verso é inadmissível numa filosofia rigorosa.

Os sons, assim como os pensamentos, têm relação tanto entre si como com aquilo que representam, e sempre se considerou uma percepção da ordem dessas relações como ligada a uma percepção da ordem das relações dos pensamentos. Daí que a linguagem dos poetas sempre apresente certa recorrência regular e harmoniosa de sons, sem a qual não seria poesia e que dificilmente seria menos indispensável à comunicação de sua influência do que as próprias palavras, sem referência àquela ordem peculiar. Daí a inutilidade da tradução; seria tão sensato jogar uma violeta num cadinho para descobrir o princípio formal de sua cor e de seu aroma quanto procurar transfundir de uma língua a outra as criações de um poeta. A planta deve brotar novamente de sua semente ou não produzirá flor – e este é o fardo da maldição de Babel.

A obediência ao modo regular de recorrência da harmonia na linguagem das mentes poéticas, juntamente com suas relações com a música, produziu a métrica ou um certo sistema de formas tradicionais de harmonia e linguagem. Contudo, não é absolutamente essencial que um poeta adapte sua linguagem a essa forma tradicional para que a harmonia, que é seu espírito, seja observada. A prática é de fato conveniente e popular, devendo ser preferida, especialmente nas composições que contenham muita ação: mas todo grande poeta deve inevitavelmente introduzir inovações – a partir do exemplo de seus predecessores – na estrutura exata de sua versificação peculiar. A distinção entre poetas e prosadores constitui um erro vulgar. A distinção entre filósofos e poetas a precedeu. Platão era essencialmente poeta – a verdade e o esplendor de suas imagens, assim como a melodia de sua linguagem, apresentam a maior intensidade que é possível conceber. Ele rejeitou a harmonia das formas épica, dramática e lírica porque buscava inaugurar uma harmonia em pensamentos despojados de figura e ação, e absteve-se de inventar qualquer plano regular de ritmo que incluísse, sob formas determinadas, as pausas variadas de seu estilo. Cícero procurou imitar a cadência de seus períodos, mas com pouco sucesso. Lorde Bacon era poeta.[8] Sua linguagem tem um ritmo suave e majestoso que satisfaz aos sentidos, não menos do que satisfaz ao intelecto a quase sobre-humana sabedoria de sua filosofia; é uma tensão que distende e então rompe os limites da mente do leitor, derramando-se com ela no elemento universal com que mantém uma perpétua simpatia. Todos os autores de revoluções na opinião[9] são necessariamente poetas, não apenas na medida em que são inventores, tampouco na medida em que suas palavras desvelam por imagens a permanente analogia das coisas participantes da vida da verdade, mas também na medida em que seus períodos se apresentam harmônicos e rítmicos, contendo em si os elementos do verso e constituindo o eco da música eterna. Tampouco são aqueles poetas supremos – que empregaram as formas tradicionais de ritmo em virtude da forma e da ação de seus assuntos – menos capazes de perceber e ensinar a verdade das coisas do que aqueles que se abstiveram daquela forma. Shakespeare, Dante e Milton (para nos limitarmos aos escritores modernos) são filósofos do mais eminente poder.

Um poema é a própria imagem da vida expressa em sua verdade eterna. Existe a seguinte diferença entre uma história e um poema: a história constitui um catálogo de fatos isolados, que não têm outra conexão senão tempo, lugar,

---

8. [N. A.] Ver *Filum Labyrinthi* e particularmente o *Ensaio sobre a morte*.
9. Isto é, nas verdades estabelecidas, no senso comum.

circunstâncias, causa e efeito; outra diferença é a criação de ações de acordo com as formas imutáveis da natureza humana, tais como existem na mente do criador, que é, ela própria, a imagem de todas as outras mentes. Uma é parcial e aplica-se apenas a um período definido de tempo e a certa combinação de acontecimentos que não podem jamais ocorrer de novo; a outra é universal e contém em si mesma o germe de uma relação com quaisquer motivos ou ações que ocorram nas variedades possíveis da natureza humana. O tempo, que destrói a beleza e a utilidade da história de fatos particulares, despojando-as da poesia que deveria revesti-las, aumenta as da poesia, desenvolvendo sem cessar novas e maravilhosas aplicações da eterna verdade que ela contém. Daí os epítomes terem sido chamados *traças* da verdadeira história; eles devoram sua poesia. Uma história de fatos particulares é como um espelho que obscurece e deforma o que deveria ser belo: a poesia é um espelho que torna belo o que é disforme.

As partes de uma composição podem ser poéticas sem que a composição como um todo constitua um poema. Uma única frase pode ser considerada como um todo, embora possa encontrar-se em meio a uma série de partes não integradas; uma única palavra pode ser uma centelha de pensamento inextinguível. E assim todos os grandes historiadores – Heródoto, Plutarco, Lívio[10] – eram poetas; e embora o plano desses escritores, especialmente o de Lívio, impedisse-os de desenvolver essa faculdade em seu mais alto grau, eles compensaram copiosa e amplamente essa limitação, preenchendo com imagens vivas os interstícios de seus temas.

---

10. Tito Lívio (59 a.C.-17 d.C.), historiador latino.

Defesa da poesia

Tendo definido o que é poesia, especificando também quem faz jus ao título de *poeta*, passemos a avaliar os efeitos da poesia sobre a sociedade.

A poesia é sempre acompanhada de prazer: todos os espíritos sobre os quais ela se derrama abrem-se para receber a sabedoria combinada com o deleite que ela proporciona. Na infância do mundo, nem os próprios poetas nem seus ouvintes se acham plenamente conscientes da excelência da poesia: pois ela age de maneira divina e inapreensível, para além e acima da consciência, e está reservado às gerações futuras contemplar e medir a causa e o efeito poderosos em toda a força e em todo o esplendor de sua união. Mesmo nos tempos modernos, nenhum poeta vivo jamais chegou à plenitude da fama; o júri que se reúne para julgar um poeta, sendo, como o próprio poeta, intemporal, deve ser composto de seus pares: deve ser credenciado pelo tempo, dentre os mais seletos sábios de muitas gerações. Um poeta é um rouxinol, que se posta na escuridão e canta com sons suaves para alegrar a própria solidão; seus ouvintes são como homens encantados pela melodia de um músico invisível, que se sentem emocionados e enternecidos sem, contudo, saber como nem por quê. Os poemas de Homero e de seus contemporâneos eram o deleite da Grécia infante; constituíam os componentes daquele sistema social que é a coluna sobre a qual tem repousado toda a civilização posterior. Homero inscreveu a perfeição ideal de sua era no corpo do caráter humano; e não podemos duvidar de que aqueles que leram seus versos despertaram para a ambição de se tornarem um Aquiles, um Heitor, um Ulisses: a verdade e a beleza da amizade, do patriotismo e da perseverante devoção a um objetivo revelaram-se até as profundezas nessas criações imortais; os sentimentos dos ouvintes certamente se refinaram e se amplificaram em face da simpatia para com tais personificações grandiosas e adoráveis, até que, por força da admiração, os imitaram, e pela imitação identificaram-se com os objetos de sua admiração. E não se deve admitir a objeção de que esses personagens estão longe da perfeição moral, não devendo absolutamente ser considerados como padrões edificantes para a imitação geral. Todas as épocas, sob nomes mais ou menos especiosos, divinizaram seus erros peculiares; a vingança é o ídolo desnudo da adoração de uma era semibárbara; e o autoengano é a imagem velada de um mal desconhecido, perante o qual jazem prostradas a luxúria e a saciedade. Mas um poeta considera os vícios de seus contemporâneos uma veste provisória, com a qual suas criações devem ser guarnecidas e que cobre, sem ocultar, as proporções eternas de sua beleza. Entende-se que um personagem épico ou dramático com ela envolva a alma, como a antiga armadura ou o moderno uniforme lhe cobrem o corpo, sendo fácil conceber veste mais graciosa do que ambas. A beleza da natureza interior não pode permanecer oculta por sua vestimenta circunstancial, mas, ao contrário, o espírito de sua forma deve comunicar-se ao próprio disfarce, indicando a configuração que ele esconde a partir da maneira pela qual ela é usada. Uma forma majestosa e movimentos graciosos se expressarão através dos trajes mais bárbaros e desprovidos de gosto. Poucos poetas da mais elevada categoria escolheram exibir nua a beleza de suas concepções na sua verdade e no seu esplendor; e é duvidoso se a imperfeição dos trajes, da indumentária etc. é ou não necessária para adaptar a música planetária aos ouvidos mortais.

No entanto, toda objeção de imoralidade formulada contra a poesia apoia-se numa concepção equivocada sobre

Defesa da poesia

o modo pelo qual ela opera para produzir o aperfeiçoamento moral do homem. A ciência ética dispõe os elementos que a poesia criou, e propõe quadros e exemplos de vida civil e doméstica: não é por falta de doutrinas admiráveis que os homens odeiam, desprezam, censuram, enganam e subjugam uns aos outros. Mas a poesia opera de outra maneira, e mais divina: ela desperta e amplia a própria mente, tornando-a receptáculo de milhares de inapreendidas combinações de pensamentos. A poesia descerra o véu da beleza oculta do mundo e faz com que objetos familiares se apresentem como se não o fossem; recria tudo o que representa, e as personificações vestidas em sua luz elísia permanecem desde então na mente daqueles que uma vez as contemplaram como monumentos do conteúdo delicado e extático que se difunde por todos os pensamentos e ações com os quais coexiste. O grande segredo da moral é o amor, ou um deslocar-se para fora de nossa própria natureza, e uma identificação de nós mesmos não com o que nos é próprio, mas com o belo que existe em outro pensamento, ação ou pessoa. Um homem, para ser grandiosamente bom, deve ter uma imaginação intensa e abrangente; deve colocar-se no lugar de outrem e de muitos outros; as dores e os prazeres de sua espécie devem tornar-se dele próprio. O grande instrumento do bem moral é a imaginação; e a poesia contribui para o efeito, atuando sobre a causa. A poesia amplia o círculo da imaginação, reabastecendo-a com pensamentos geradores de deleites sempre renovados, que têm o poder de atrair e assimilar à sua própria natureza todos os outros pensamentos, e que formam novos intervalos e interstícios cujo vazio sempre clama por novos alimentos. A poesia fortalece a faculdade que constitui o órgão da natureza moral do homem, da mesma maneira que o exercício fortalece um membro. Um poeta, portanto, faria mal em incorporar suas próprias concepções de certo e errado – que são geralmente as de seu lugar e tempo – às suas criações poéticas, que não participam de nenhum deles. Ao assumir a missão inferior de interpretar o efeito que enfim talvez pudesse cumprir, embora imperfeitamente, ele estaria renunciando à glória de participar da causa. Muito dificilmente Homero ou qualquer um dos poetas eternos teriam uma compreensão de si próprios tão equivocada a ponto de abdicar do trono de seu domínio mais vasto. Aqueles nos quais a faculdade poética, embora grande, é menos intensa, como Eurípides, Lucano, Tasso, Spenser, frequentemente simularam um objetivo moral, e o efeito de sua poesia diminuiu na exata proporção do grau em que nos forçam a atentar para seu propósito.

Homero e os poetas cíclicos[11] foram sucedidos, após certo intervalo, pelos poetas dramáticos e líricos de Atenas, que floresceram contemporaneamente a tudo o que há de mais perfeito nas expressões congêneres da faculdade poética: arquitetura, pintura, música, dança, escultura, filosofia e, podemos acrescentar, as formas da vida civil. Pois, embora o quadro da sociedade ateniense fosse deformado por muitas imperfeições que a poesia existente nos tempos da cavalaria e na cristandade aboliu dos hábitos e das instituições da Europa moderna, ainda assim, jamais, em período algum, desenvolveu-se tanta energia, beleza e virtude; nunca a força cega e a forma rude foram tão submetidas à disciplina e à vontade do homem, ou essa vontade menos refratária aos ditames do belo e do verdadeiro, como no século que precedeu a morte de Sócrates. De nenhuma outra época

---

11. Poetas pós-homéricos que trataram de diversos mitos heroicos, cujas obras os filólogos dividiram em ciclos conforme seus temas, sendo principais o ciclo tebano e o troiano.

na história de nossa espécie temos registros ou fragmentos tão visivelmente assinalados com a imagem da divindade do homem. Mas somente a poesia, na forma, na ação e na linguagem, é que tornou essa época memorável acima de todas as outras, bem como celeiro de exemplos para todo o sempre. Pois a poesia escrita coexistiu naquela época com as outras artes, e constitui questão ociosa perguntar qual delas projetou ou recebeu a luz que todas, como de um foco comum, difundiram sobre os períodos mais sombrios dos tempos que se seguiram. O que sabemos de causa e efeito não passa de uma conjunção contínua de acontecimentos: observa-se que a poesia sempre coexistiu com a contribuição das outras artes para a felicidade e a perfeição do homem. Recorro ao que já estabelecemos para distinguir a causa do efeito.

Foi no período aqui referido que nasceu o drama; e não obstante um escritor bem-sucedido possa ter se igualado àqueles poucos grandes espécimes do drama ateniense que chegaram até nós, ou os ultrapassado, é indiscutível que a arte em si mesma jamais foi compreendida ou praticada de acordo com sua verdadeira filosofia como em Atenas. Pois os atenienses empregaram a linguagem, a ação, a música, a pintura, a dança e as instituições religiosas para produzir um efeito comum na representação das mais elevadas idealizações da paixão e do poder; cada setor da arte tornou-se perfeito na sua espécie, graças a artistas da mais consumada habilidade, e foi disciplinado numa bela proporção e unidade nas relações que mantinha com os demais. No palco moderno, somente alguns poucos dentre os elementos capazes de expressar a imagem da concepção do poeta empregam-se ao mesmo tempo. Temos tragédia sem música e dança, e música e dança sem as mais elevadas personificações das quais elas constituem o complemento adequado, e ambas sem religião e solenidade. A instituição religiosa de fato tem sido habitualmente banida do palco. Nosso sistema de despojar o rosto do ator de uma máscara, na qual as múltiplas expressões apropriadas a seu caráter dramático poderiam ser moldadas em uma expressão permanente e imutável, favorece apenas um efeito parcial e desarmônico; presta-se tão somente ao monólogo, em que toda a atenção pode ser dirigida para algum grande mestre da mímica ideal. A moderna prática de misturar comédia e tragédia, embora sujeita a muitos abusos em termos de prática, constitui, sem dúvida, uma ampliação do círculo dramático; mas a comédia deveria ser como em *Rei Lear*: universal, ideal e sublime. É talvez a intervenção desse princípio que faz pender a balança em favor de *Rei Lear* contra *Édipo tirano*[12] ou *Agamêmnon*;[13] ou, se se quiser, contra as trilogias[14] às quais estão vinculados, a menos que o poder imenso da poesia coral, especialmente o deste último, possa ser considerado como restaurador do equilíbrio. *Rei Lear*, caso possa sustentar tal comparação, pode ser julgado o mais perfeito exemplar da arte dramática existente no mundo, apesar das acanhadas condições às quais estava submetido o poeta em virtude da ignorância acerca da filosofia do drama que tem predominado na Europa moderna. Calderón, em seus autos religiosos, tentou satisfazer algumas das elevadas exigências da representação dramática negligenciadas por Shakespeare, tais como o estabelecimento de uma relação entre o drama e a religião, bem como sua adequação à

---

12. De Sófocles (496-406 a.C.).
13. De Ésquilo (525-456 a.C.).
14. Referência à trilogia tebana (*Antígona*, *Édipo rei* e *Édipo em Colona*), de Sófocles, e à *Oréstia* (*Agamêmnon*, *Coéforas* e *Eumênides*), de Ésquilo.

música e à dança; mas omite a observância de requisitos ainda mais importantes, e mais se perde do que se ganha com a substituição das idealizações rigidamente definidas e sempre repetidas de uma superstição deformadora pelas personificações vivas da verdade da paixão humana.

Mas estou fazendo digressões. [O autor de "As quatro idades da poesia" foi prudentemente omisso na discussão acerca do efeito do drama sobre a vida e os costumes. Pois se conheço o cavaleiro pela divisa de seu escudo, tenho apenas de gravar *Filoctetes*, *Agamêmnon* ou *Otelo* no meu para pôr em fuga os sofismas gigantes que o encantaram, como o espelho de luz ofuscante poderia cegar e dispersar exércitos inteiros de necromantes e pagãos, ainda que no braço do mais fraco dos paladinos.][15] A conexão das apresentações cênicas com o aperfeiçoamento ou a corrupção dos costumes dos homens tem sido universalmente reconhecida: em outras palavras, tem-se observado que a presença ou a ausência da poesia em sua forma mais perfeita e universal está ligada ao bem e ao mal na conduta ou no hábito. A corrupção, que tem sido imputada ao drama como seu efeito, inicia-se quando cessa a poesia empregada na sua constituição: recorro à história dos costumes para verificar se os períodos de desenvolvimento daquela e de declínio destes não têm correspondido, com igual exatidão, a algum exemplo de causa e efeito morais.

O drama em Atenas, ou onde quer que ele possa ter-se aproximado da perfeição, sempre coexistiu com a grandeza moral e intelectual da era. As tragédias dos poetas atenienses são como espelhos nos quais o espectador contempla a si próprio, sob um tênue disfarce de circunstância, despojado

---

15. Passagem suprimida na versão de John Hunt. Ver a nota n. 3 da Apresentação.

de tudo, exceto da perfeição e da energia ideais que todos sentem ser o tipo interior de tudo o que ele ama e admira, e em que desejaria transformar-se. A imaginação é ampliada mediante simpatia para com dores e paixões tão poderosas que, em sua concepção, expandem a capacidade daquilo por que são concebidas; os bons sentimentos são reforçados por piedade, indignação, terror e tristeza; e uma calma excelsa prolonga-se pela saciedade do intenso exercício deles no tumulto da vida cotidiana; mesmo o crime é parcialmente desarmado de seu horror e de todo seu contágio ao ser representado como consequência fatal de insondáveis intervenções da natureza; o erro é assim despojado de sua intencionalidade; os homens não podem mais acalentá-lo como criação de seu arbítrio. Num drama da mais alta qualidade, pouco alimento há para a censura ou o ódio; ele antes ensina o autoconhecimento e o respeito por si próprio. Nem os olhos nem a mente podem ver a si mesmos, a não ser refletidos naquilo a que se assemelham. O drama, enquanto continuar a expressar poesia, é como um espelho prismático e multifacetado, que recolhe os mais brilhantes raios da natureza humana e os divide e reproduz a partir da simplicidade de suas formas elementares, tocando-os com majestade e beleza, multiplicando tudo o que ele reflete, para dotá-los do poder de propagar sua semelhança onde quer que possam incidir.

No entanto, em períodos de decadência da vida social, o drama compartilha dessa decadência. A tragédia torna-se fria imitação das formas das grandes obras-primas da Antiguidade, despojada de qualquer complemento harmonioso das artes conexas; e muitas vezes a própria forma é mal compreendida ou constitui débil tentativa de ensinar certas doutrinas que o escritor considera verdades morais e que, usualmente, nada mais são do que adulações especiosas de algum vício vulgar ou fraqueza com os quais o autor e seus ouvintes estão contaminados. Daí o que foi chamado *drama clássico* e *doméstico*. O *Catão*, de Addison,[16] é um exemplo do primeiro, e, não fosse supérfluo, citaríamos exemplos do outro! A tais propósitos a poesia não pode tornar-se subserviente. A poesia é uma espada refulgente, sempre desembainhada, que desgasta a bainha que deveria contê-la. E assim observamos que todos os escritos dramáticos dessa natureza são pouco imaginosos, num grau singular; afetam sentimento e paixão, que, desprovidos de imaginação, constituem nomes alternativos para capricho e concupiscência. Na nossa história, o período da mais grosseira degradação do drama é o do reinado de Carlos II,[17] quando todas as formas nas quais a poesia se acostumara a ser expressa se tornaram hinos ao triunfo do poder real sobre a liberdade e a virtude. Milton permaneceu solitário, iluminando uma era indigna dele. Em tais períodos, o princípio do cálculo impregna todas as formas da manifestação dramática, e a poesia deixa de nelas se expressar. A comédia perde sua universalidade ideal: a jocosidade sucede ao humor, rimos com autocomplacência e triunfo, não com prazer; a malignidade, o sarcasmo e o desprezo sucedem à alegria compartilhada, quase não rimos, apenas sorrimos. A obscenidade, que é sempre blasfêmia contra a divina beleza na vida, torna-se, embora menos repugnante, mais eficaz: é um monstro para o qual a corrupção da sociedade traz sempre novo alimento, que ele devora em segredo.

---

16. Joseph Addison (1672-1719), ensaísta, poeta e dramaturgo inglês. A peça citada é de 1712.
17. Rei da Inglaterra (1630-1685).

Por ser o drama a forma sob a qual, mais do que em todas as demais, uma quantidade maior de modos de expressão da poesia é suscetível de combinar-se, a conexão entre poesia e bem social é nele mais observável do que em qualquer outra. E é indiscutível que a mais alta perfeição da sociedade humana sempre correspondeu à mais alta excelência dramática, e que a corrupção ou a extinção do drama em uma nação onde antes floresceu constituem indícios de corrupção dos costumes, bem como de extinção das energias que sustentam a alma da vida social. Mas como afirma Maquiavel sobre as instituições políticas, essa vida pode ser preservada e renovada se os homens se mostrarem capazes de reconduzir o drama de volta a seus princípios. E isso é verdadeiro com relação à poesia no seu sentido mais amplo: toda linguagem, instituição e forma precisam ser não apenas produzidas, mas mantidas: a função e o caráter de um poeta participam da natureza divina no que diz respeito à providência, não menos do que no que diz respeito à criação.

A guerra civil, as pilhagens da Ásia e o fatal predomínio, primeiro das armas dos macedônios e depois das dos romanos, constituíram outros tantos símbolos da extinção ou da suspensão da faculdade criadora na Grécia. Os escritores bucólicos, que encontraram proteção sob os tiranos letrados da Sicília e do Egito, foram os últimos representantes do seu reino gloriosíssimo. A poesia deles é intensamente melódica; como o aroma da tuberosa, ela domina e debilita o espírito com excesso de doçura, enquanto a poesia da idade precedente era uma brisa estival, que combina a fragrância de todas as flores do campo, acrescentando-lhe o espírito estimulante e harmonioso que lhe é próprio e que favorece os sentidos com o poder de manter seu deleite supremo. A delicadeza bucólica e erótica na poesia escrita é correlativa

Defesa da poesia

da suavidade na estatuária, na música e nas artes congêneres, e mesmo nos costumes e nas instituições que distinguiram a época a que me refiro. E não é à faculdade poética em si, ou a qualquer desvio em sua aplicação, que essa carência de harmonia deve ser imputada. Idêntica sensibilidade à influência dos sentidos e dos afetos encontra-se nos escritos de Homero e de Sófocles: o primeiro, particularmente, revestiu imagens sensuais e patéticas com encantos irresistíveis. A superioridade deles com relação aos escritores que lhes sucederam consiste na presença dos pensamentos pertencentes às faculdades interiores de nossa natureza, e não na ausência daqueles ligados às faculdades exteriores: sua incomparável perfeição reside em uma harmoniosa união de todas. Não é no que os poetas eróticos possuem, mas no que eles não possuem, que reside sua imperfeição. Não porque foram poetas, mas porque não o foram, é que se pode, com alguma plausibilidade, considerá-los ligados à corrupção de sua era. Tivesse essa corrupção sido eficaz a ponto de neles extinguir a sensibilidade para o prazer, para a paixão e para o cenário natural, o que lhes é imputado como uma imperfeição, o triunfo supremo do mal teria sido completo. Pois a finalidade da corrupção social é destruir toda sensibilidade para o prazer, o que, por consequência, a confirma como corrupção. O núcleo pelo qual ela se inicia é a imaginação e o intelecto, e daí se alastra como um veneno paralisante através dos afetos até os próprios apetites, até tudo transformar-se em massa entorpecida na qual dificilmente sobrevive o sentido. Quando um tal período se aproxima, a poesia dirige-se sempre àquelas faculdades que são as últimas a serem destruídas, e sua voz é ouvida como os passos de Astreia[18] abandonando o mundo. A poesia sempre comunica todo o prazer que os homens são capazes de receber: ela é sempre ainda a luz da vida; a fonte de tudo o que de belo, de generoso ou de verdadeiro pode subsistir em tempos nefastos. Prontamente se admitirá que, dentre os cidadãos libertinos de Siracusa e de Alexandria, aqueles que se deleitavam com os poemas de Teócrito eram menos frios, cruéis e sensuais do que o restante de sua tribo. Mas a corrupção tem de destruir completamente o tecido da sociedade humana antes que a poesia seja extinta. Nunca foram por completo desfeitos os elos sagrados dessa corrente, que, procedendo das mentes de muitos homens, permanece presa àquelas mentes superiores, de onde, como de um ímã, emana o invisível eflúvio que, ao mesmo tempo, une, anima e sustenta a vida de todos. É a faculdade que contém dentro de si mesma as sementes tanto da própria renovação como da renovação social. E não vamos circunscrever os efeitos da poesia bucólica e erótica nos limites da sensibilidade daqueles a quem ela se dirige. Eles podem ter percebido a beleza daquelas composições imortais simplesmente como fragmentos e partes isoladas: os que dispõem de constituição mais refinada, ou nasceram numa era mais feliz, podem reconhecê-las como etapas para aquele grande poema que todos os poetas, como pensamentos que cooperam numa grande mente, vêm construindo desde o início do mundo.

Idênticas revoluções, em uma esfera mais restrita, ocorreram na antiga Roma; mas os atos e as formas da sua vida social parecem nunca ter sido completamente

---

18. Na mitologia grega, divindade identificada com a justiça e a virtude. Vivia entre os homens na Idade do Ouro, mas depois, ante a corrupção dos costumes, retirou-se para o céu, onde se transformou na constelação de Virgem.

saturados do elemento poético. Os romanos aparentemente consideraram os gregos como os tesouros mais seletos das mais seletas formas de costumes e de natureza, e parece que se abstiveram de criar, em linguagem metrificada, escultura, música ou arquitetura, qualquer coisa que pudesse ter relação particular com a própria condição deles, na medida em que acreditavam que suas produções deveriam manter relação geral com a constituição universal do mundo. Mas julgamos com base em provas parciais, e julgamos, pois, talvez com parcialidade. Ênio,[19] Varrão,[20] Pacúvio[21] e Ácio,[22] todos grandes poetas, perderam-se. Lucrécio, num sentido supremo, e Virgílio, num sentido muito elevado, são criadores. A seleta delicadeza das expressões deste é como uma névoa de luz que nos oculta a intensa e extraordinária verdade de suas concepções da natureza. Lívio está impregnado de poesia; Horácio, Catulo e Ovídio, porém – e, de um modo geral, os demais grandes escritores da era virgiliana –, viram os homens e a natureza no espelho da Grécia. As instituições e a religião de Roma também eram menos poéticas do que as da Grécia, como a sombra é menos vívida do que a substância. Daí a poesia em Roma parecer antes seguir do que acompanhar a perfeição da sociedade política e doméstica. A verdadeira poesia de Roma viveu em suas instituições, pois o que quer que elas contivessem de belo, de verdadeiro e de majestoso somente podia brotar da faculdade que cria a ordem em que elas consistem. A vida de Camilo,[23] a morte de Régulo;[24] a expectativa dos senadores, na sua condição

19. Quintus Ennius (239-169 a.C.).
20. Marcus Terentius Varro (116-26 a.C.).
21. Marcus Pacuvius (220-132 a.C.).
22. Lucius Accius (171-94 a.C.).
23. Soldado e estadista romano (século IV a.C.).
24. General e cônsul romano (século III a.C.).

quase divina, em relação aos vitoriosos gauleses; a recusa da República de estabelecer a paz com Aníbal depois da batalha de Canas,[25] tudo isso não foi consequência de um cálculo refinado sobre o possível proveito pessoal a resultar de um tal ritmo e uma tal ordem nos casos da vida, para aqueles que eram, ao mesmo tempo, os poetas e os atores desses dramas imortais. A imaginação, contemplando a beleza dessa ordem, criou-a de si mesma, de acordo com sua própria ideia; a consequência foi o império, e a recompensa, a fama para sempre. Essas coisas não constituem menos poesia, *quia carent vate sacro*:[26] são as etapas daquele poema cíclico escrito pelo tempo nas memórias dos homens. O passado, como um rapsodo inspirado, enche com sua harmonia o teatro de eternas gerações.

Por fim, o antigo sistema de religião e de costumes perfizera o círculo de sua evolução. E o mundo teria caído em completa anarquia e escuridão se não se encontrassem poetas entre os autores dos sistemas cristão e cavalheiresco de costumes e religião, poetas que criaram formas de opinião e ação nunca antes concebidas, as quais, gravadas na imaginação dos homens, tornaram-se como que generais para os perplexos exércitos dos seus pensamentos. Não cabe em nossos objetivos abordar o mal causado por esses sistemas: apenas protestemos, com base nos princípios já estabelecidos, que nenhuma parcela sua pode ser atribuída à poesia que eles contêm.

---

25. Batalha decisiva da Segunda Guerra Púnica, travada em 2 de agosto de 216 a.C., na qual os cartagineses comandados por Aníbal venceram os romanos.
26. O verso de Horácio em *Odes*, IV, 9, 28 – "(...) *carent quia vate sacro.*" (porque lhes faltou o sacro vate) – acha-se ligeiramente alterado.

Defesa da poesia

É provável que a poesia de Moisés, Jó, Davi, Salomão e Isaías tenha causado grande impressão nas mentes de Jesus e de seus apóstolos. Os fragmentos dispersos preservados pelos biógrafos desse ser extraordinário estão todos impregnados da mais vívida poesia; suas doutrinas, porém, parecem ter sido rapidamente distorcidas. A certa altura, depois do predomínio de um sistema de opiniões fundadas nas que foram por ele promovidas, as três formas nas quais Platão distribuíra as faculdades da mente[27] passaram por uma espécie de apoteose, tornando-se objeto de adoração do mundo civilizado. Aqui, deve-se confessar que "a luz parece adensar-se" e

> O corvo bate asas para a floresta das gralhas,
> As boas coisas do dia começam a declinar e adormecer
> E os negros agentes da noite despertam para suas rapinas.[28]

Mas repare que bela ordem brotou do pó e do sangue desse caos feroz! Veja como o mundo, como que ressuscitado, equilibrando-se nas asas douradas do conhecimento e da esperança, retomou seu voo ainda incansável para as alturas celestiais do tempo. Escute a música, inaudível aos ouvidos estrangeiros, que é como um vento incessante e invisível, nutrindo de força e vivacidade seu eterno curso.

---

27. Referência à teoria platônica exposta no diálogo *Timeu*, em que se faz distinção entre uma alma superior, sede do intelecto, e duas almas inferiores, uma que responde pelas paixões e outra que comanda os apetites.
28. No original: *"The crow makes wing to the rooky wood,/ Good things of day begin to droop and drowse/ And night's black agents to their preys do rouse"* (Shakespeare, *Macbeth*, III, ii, 50-53).

A poesia presente nas doutrinas de Jesus Cristo, bem como a mitologia e as instituições dos conquistadores celtas[29] do Império Romano, sobreviveram à escuridão e às convulsões correlativas de seu crescimento e vitória, fundindo-se num novo tecido de costumes e opinião. É um erro imputar a ignorância da Idade das Trevas às doutrinas cristãs ou ao predomínio das nações celtas. O que quer que seus atos possam ter contido de funesto originou-se da extinção do princípio poético, ligada ao avanço do despotismo e da superstição. Os homens, em virtude de causas demasiado intrincadas para serem discutidas aqui, tinham se tornado insensíveis e egoístas: sua própria vontade se enfraquecera, e apesar disso eram escravos dela, e assim escravos da vontade alheia: a luxúria, o medo, a avareza, a crueldade e a desonestidade caracterizaram uma raça na qual não se poderia encontrar ninguém capaz de *criar*, no que tange à forma, à linguagem ou às instituições. As anomalias morais de tal estado da sociedade não devem com justiça ser imputadas a qualquer classe de eventos diretamente ligados a elas, e os eventos mais merecedores de nossa aprovação são aqueles capazes de dissolvê-lo mais prontamente. Constitui uma desgraça para aqueles que não sabem distinguir entre as palavras e os pensamentos o fato de que muitas dessas anomalias tenham sido incorporadas à nossa religião popular.

Não foi senão depois do século XI que os efeitos da poesia dos sistemas cristão e cavalheiresco começaram a manifestar-se. O princípio da igualdade tinha sido descoberto e aplicado por Platão em sua *República* como a regra teórica do modo pelo qual os produtos geradores de prazer e de poder

---

29. Confusão do autor, que deve ter querido dizer "germânicos", nesta e nas duas ocorrências subsequentes desta palavra.

Defesa da poesia

engendrados pela habilidade e pelo labor comuns dos seres humanos deveriam ser distribuídos entre eles. As limitações dessa regra, segundo ele defendeu, deveriam ser determinadas apenas pela sensibilidade de cada um ou pela utilidade que tal regra tivesse para todos. Platão, seguindo as doutrinas de Timeu[30] e de Pitágoras, ensinou também um sistema de doutrina moral e intelectual, que compreendia, ao mesmo tempo, a condição humana passada, presente e futura. Jesus Cristo divulgou para a humanidade as verdades sagradas e eternas contidas nessas visões, e o cristianismo, em sua pureza abstrata, tornou-se a expressão exotérica das doutrinas esotéricas[31] sobre poesia e sabedoria da Antiguidade. A incorporação das nações celtas à exaurida população meridional imprimiu nela a imagem da poesia existente na mitologia e nas instituições daquelas nações. O resultado foi uma soma da ação e da reação de todas as causas incluídas nesse processo, pois pode-se aceitar como máxima que nenhuma nação ou instituição pode suplantar qualquer outra sem incorporar uma parte daquilo que suplanta. A abolição da escravatura pessoal e doméstica, bem como a emancipação das mulheres de grande parte das degradantes restrições da Antiguidade, figuraram entre as consequências desses acontecimentos.

A abolição da escravatura pessoal constitui a base da mais alta esperança política que a mente do homem pode conceber. A liberdade das mulheres produziu a poesia do amor sexual. O amor tornou-se uma religião, cujos ídolos

---

30. Timeu de Locro (século V a.C.), filósofo grego.
31. Nas escolas de filosofia da Antiguidade grega, o termo "exotérico" qualificava os ensinamentos que, pelo interesse generalizado que suscitavam e pela forma simples na qual eram expostos, destinavam-se ao público em geral, não se dirigindo, pois, apenas a discípulos iniciados. "Esotéricos", ao contrário, eram os ensinamentos ministrados a círculos restritos e fechados de ouvintes.

estavam sempre presentes para adoração. Foi como se as estátuas de Apolo e das Musas tivessem sido dotadas de vida e movimento, para caminhar por entre seus adoradores, de modo a povoar-se assim a terra com habitantes de um mundo mais divino. A aparência e as condutas familiares da vida tornaram-se maravilhosas e celestiais, e criou-se um paraíso sobre as ruínas do Éden. E como essa própria criação é poesia, assim seus criadores eram poetas, e a linguagem foi o instrumento de sua arte – *lo Galeotto fu il libro, e chi scrisse*.[32] Os *trouveurs*[33] – ou inventores – provençais precederam Petrarca, cujos versos são como feitiços que desvelam as mais secretas fontes de deleite existentes nas dores do amor. É impossível senti-las sem nos tornarmos uma parte daquela beleza que contemplamos: seria ocioso explicar como a suavidade e a elevação da mente ligadas a essas sagradas emoções podem tornar mais amáveis os homens, mais generosos e sábios, e soerguê-los acima das emanações cinzentas do pequeno mundo do eu. Dante compreendeu os segredos do amor melhor ainda do que Petrarca. Sua *Vita nuova*[34] constitui uma fonte inesgotável de pureza de sentimento e de linguagem: é a história idealizada daquele período e dos intervalos de sua vida que foram dedicados ao amor. Sua apoteose de Beatriz no Paraíso, e as gradações de seu próprio amor e do encanto de sua amada, pelas quais, como que por degraus, ele simula ter ascendido ao trono da Suprema Causa, constituem a mais gloriosa imaginação da

---

32. "Galaad foi o livro, e ele é que o escreveu" (Dante, *Inferno*, V, 137).
33. Em francês no original. O substantivo *trouveur* provém do verbo *trouver* (encontrar), significando "inventor", "descobridor", isto é, "aquele que encontra". O autor o relaciona com o seu parônimo *trouvère* (trovador), sugerindo uma hipotética relação etimológica entre os dois vocábulos que superpõe as ideias de poeta (*trouvère*) e inventor (*trouveur*).
34. Obra da juventude de Dante (*circa* 1292).

poesia moderna. Os críticos mais sagazes com justiça inverteram por completo o juízo do vulgo e a ordem dos grandes atos da *Divina comédia*, proporcionalmente à admiração que têm pelo "Inferno", pelo "Purgatório" e pelo "Paraíso". Este último é um hino perpétuo de amor eterno. O amor, que encontrou um poeta digno apenas em Platão entre os antigos, foi celebrado por um coro dos maiores escritores do mundo renovado; e a música penetrou as cavernas da sociedade, e seus ecos ainda abafam a dissonância das armas e da superstição. A intervalos sucessivos, Ariosto, Tasso, Shakespeare, Spenser, Calderón, Rousseau e os grandes escritores de nossa própria época celebraram o domínio do amor, plantando na mente humana como que troféus dessa sublime vitória sobre a sensualidade e a violência. A verdadeira relação de um com o outro, mantida pelos sexos nos quais a humanidade está dividida, tornou-se menos mal-compreendida; e se o erro que confundiu diversidade com desigualdade de poderes dos dois sexos tem sido parcialmente reconhecido nas opiniões e instituições da Europa moderna, devemos esse grande benefício ao culto de que a instituição da cavalaria foi a lei, e os poetas, seus profetas.

 A poesia de Dante pode ser considerada como a ponte lançada sobre a correnteza do tempo que une os mundos moderno e antigo. As noções distorcidas das coisas invisíveis que Dante e seu rival Milton idealizaram constituem meramente a máscara e o manto sob os quais esses grandes poetas caminham pela eternidade embuçados e disfarçados. Constitui questão difícil determinar até que ponto estavam eles conscientes da distinção que deve ter subsistido em suas mentes entre suas próprias crenças e as de seu povo. Dante pelo menos parece desejar assinalá-la com toda clareza, ao colocar no Paraíso Rifeu,[35] a quem Virgílio chama *justissimus unus*,[36] e ao observar um capricho muitíssimo herético na sua distribuição de recompensas e castigos. E o poema de Milton contém em si uma refutação filosófica desse sistema, do qual, por uma antítese estranha e natural, tem sido um importante e popular sustentáculo. Nada pode superar a energia e a magnificência do caráter de Satã como o que é expresso no *Paraíso perdido*. Constitui um erro supor que pudesse ter sido concebido como uma personificação popular do mal. Ódio implacável, astúcia paciente e um requinte incansável de recursos destinados a infligir a mais extremada angústia em um inimigo, eis o mal; e embora se trate de coisas veniais num escravo, não devem ser perdoadas num tirano; embora redimidas pelo muito que enobrece a derrota do subjugado, acham-se assinaladas por tudo o que desonra sua conquista na vitória. O Diabo de Milton, como um ser moral, é tão superior ao seu Deus quanto aquele que persevera em algum propósito que considera digno, a despeito da adversidade e da tortura; o é em relação àquele que, na fria segurança do triunfo garantido, inflige a mais terrível vingança ao seu inimigo, não em virtude de alguma noção equivocada que o induza a arrepender-se de perseverar na animosidade, mas com o declarado desígnio de exasperá-lo para que mereça novos suplícios. Milton violou a crença popular (se isso deve ser julgado como violação) a ponto de declarar não haver nenhuma superioridade de virtude moral de seu Deus sobre seu Diabo. E essa corajosa indiferença por um propósito moral claro constitui a prova mais decisiva da supremacia do gênio de Milton. Ele, por assim

---

35. Guerreiro troiano, feito personagem da *Eneida*.
36. "O mais justo" (Virgílio, *Eneida*, II, 426-427).

dizer, mesclou os elementos da natureza humana como cores em uma única paleta e os distribuiu na composição de seu grandioso quadro, de acordo com as leis da verdade épica, isto é, de acordo com as leis do princípio pelo qual uma série de ações do universo exterior e de seres inteligentes e éticos é calculada para suscitar a simpatia de sucessivas gerações da humanidade. *A divina comédia* e o *Paraíso perdido* conferiram uma forma sistemática à mitologia moderna; e quando a mudança e o tempo tiverem acrescentado mais uma superstição ao volume daquelas que surgiram e desapareceram na Terra, os comentadores doutamente hão de empenhar-se em elucidar a religião da Europa ancestral, que só não estará inteiramente esquecida por ter sido assinalada com a eternidade do gênio.

Homero foi o primeiro, e Dante, o segundo poeta épico, isto é, o segundo poeta cuja série de criações sustentou uma relação definida e inteligível com o saber, o sentimento e a religião da era em que viveu e das eras que a sucederam, desenvolvendo-se em conformidade com o desenvolvimento delas. Pois Lucrécio enredou as asas da sua mente ligeira nos detritos do mundo sensível; e Virgílio, com modéstia que pouco convinha a seu gênio, afetou fama de imitador, mesmo quando recriava tudo o que copiava, e ninguém, no bando de pássaros arremedadores – Apolônio Ródio,[37] Quinto Esmirneu Calabrês,[38] Nônio,[39] Lucano,[40] Estácio[41] ou Claudiano –,[42] por doces que fossem seus gorjeios, tentou satisfazer nem sequer uma única exigência da verdade épica.

37. Poeta grego (século III-II a.C.).
38. Quintus Smyrnaeus (século III-IV d.C.), poeta latino.
39. Nonius Marcellus (século III-IV d.C.), poeta latino.
40. Marcus Annaeus Lucanus (39-65 d.C.), poeta latino.
41. Publius Statius (40-96 d.C.), poeta latino.
42. Claudius Claudianus (século IV-V d.C.), poeta latino.

Milton foi o terceiro poeta épico. Pois se o título de épico no seu mais elevado sentido for recusado à *Eneida*, menos ainda pode ser concedido ao *Orlando furioso*,[43] à *Jerusalém libertada*,[44] aos *Lusíadas* ou à *Faerie Queene*.[45]

Dante e Milton estavam, ambos, profundamente impregnados da antiga religião do mundo civilizado, e o espírito dessa religião está presente na poesia deles provavelmente na mesma proporção em que suas formas sobreviveram no culto não reformado da Europa moderna. Um precedeu e o outro seguiu-se à Reforma, em intervalos quase iguais. Dante foi o primeiro reformador religioso, e Lutero superou-o antes pela crueza e pela acrimônia do que pela coragem de suas censuras à usurpação papal. Dante foi o primeiro que despertou a Europa letárgica; criou uma linguagem, em si mesma música e persuasão, a partir de um caos de barbarismos desarmoniosos. Congregou os grandes espíritos que presidiram à ressurreição da cultura; foi o Lúcifer desse rebanho de estrelas que, no século XIII, brilhou da Itália republicana, como de um céu, nas trevas do mundo anoitecido. Suas próprias palavras estão impregnadas de espírito; cada uma constitui uma centelha, um átomo flamejante de pensamento inextinguível; e, contudo, muitas jazem cobertas nas cinzas de seu nascimento e prenhes de um relâmpago que ainda não encontrou condutor. Toda alta poesia é infinita; é como a primeira semente, que contém potencialmente todos os carvalhos. Véu após véu podem ser descerrados, e a mais secreta beleza nua do significado nunca é exposta. Um grande

---

43. Poema de Ludovico Ariosto (1474-1533), cuja versão final foi publicada em 1532.
44. Poema de Torquato Tasso (1544-1595), publicado em 1580.
45. Poema de Edmund Spenser (1552-1599), inicialmente publicado numa versão em três livros (1590) e depois em outra de seis livros (1596).

poema é uma fonte para sempre transbordante das águas da sabedoria e do deleite; e após alguém ou alguma era ter esgotado todo o divino eflúvio que suas relações peculiares lhes permitem partilhar, sucedem-lhe uma outra e outras mais, e novas relações sempre se desenvolvem, manancial de um deleite imprevisto e inconcebido.

A era que imediatamente sucedeu à de Dante, Petrarca e Boccaccio foi caracterizada por um renascimento da pintura, da escultura e da arquitetura. Chaucer captou a sagrada inspiração, e a superestrutura da literatura inglesa funda-se nos produtos da invenção italiana.

Mas não sejamos desviados de uma defesa para uma história crítica da poesia e sua influência sobre a sociedade. Seja suficiente ter apontado a influência dos poetas, no sentido amplo e verdadeiro da palavra, sobre sua própria época e sobre todos os tempos, [e retroceder aos exemplos parciais citados como ilustrações de uma opinião que é o reverso daquela que se tentou estabelecer em "As quatro idades da poesia"].[46]

Os poetas, contudo, em virtude de outra objeção, foram desafiados a renunciar à coroa cívica em proveito de pensadores e mecanicistas.[47] Admite-se que o exercício da

---

46. Passagem suprimida na versão de John Hunt. Ver a nota n. 3 da Apresentação.
47. No original, *mechanists*. A palavra em inglês significa literalmente "pessoa entendida na ciência da mecânica", sendo sinônimo de *mechanician*. O autor a utiliza, porém, não nesse sentido, mas para reforçar o termo anterior – *reasoners*, no original –, enfatizando assim a oposição entre os adeptos da objetividade, do cálculo e do raciocínio lógico – *reasoners* e *mechanists* – e os cultores da subjetividade, da imaginação e dos sentimentos: *the poet*. O termo não tem correspondente exato em português, mas nos pareceu que bem o traduz o vocábulo "mecanicista", isto é, indivíduo adepto de uma concepção filosófica segundo a qual a realidade consiste num conjunto de fenômenos objetivos vinculados por relações de causa e efeito.

imaginação seja altamente deleitoso, mas alega-se que o da razão seja mais útil. Examinemos, como fundamento dessa distinção, o que se entende aqui por *utilidade*. O prazer ou o bem, em sentido amplo, é aquilo que a consciência de um ser sensível e inteligente busca, e a que, quando encontrado, ele aquiesce. Há duas espécies de prazer: um é duradouro, universal e permanente, o outro, transitório e particular. Utilidade pode significar os meios de gerar a primeira ou a segunda espécie. No primeiro sentido, é útil tudo aquilo que fortaleça e purifique as afeições, amplie a imaginação e acrescente espírito ao sentido. [Mas o significado em que o autor de "As quatro idades da poesia" parece ter empregado a palavra "utilidade" é o mais restrito, eliminado o incômodo das carências de nossa natureza animal].[48]

Sem dúvida, os promotores da utilidade, nesse sentido limitado, têm sua função determinada na sociedade. Eles seguem os passos dos poetas e copiam os esboços de suas criações no livro da vida cotidiana; criam espaço e proporcionam tempo. Seus esforços são do mais alto valor, desde que contenham a administração dos interesses das capacidades inferiores da nossa natureza nos limites devidos às superiores. Mas enquanto o cético destrói as superstições grosseiras, que poupe de desfiguração as verdades eternas gravadas na imaginação dos homens, diferentemente do que fizeram alguns escritores franceses. Enquanto o mecanicista reduz e o economista político organiza o trabalho,

---

[48]. Na versão de John Hunt, esse período foi reescrito: "Mas pode-se atribuir um significado mais restrito à palavra "utilidade", limitando-a a expressar aquilo que elimina o incômodo das carências de nossa natureza animal, o enclausuramento dos homens na segurança da vida, a dissipação das ilusões mais grosseiras da superstição, bem como o alcance de certo nível de tolerância mútua entre os homens compatível com as razões do benefício pessoal".

que cuidem para que suas especulações, por falta de correspondência com os princípios primeiros pertinentes à imaginação, não tendam, como fizeram na Inglaterra moderna, a exasperar, ao mesmo tempo, os extremos do luxo e da carência. Eles exemplificaram o dito "Para aquele que tem, mais será dado; e para o que não tem, o pouco que possui lhe será tirado". Os ricos tornaram-se mais ricos, e os pobres, mais pobres; e o barco do Estado deriva entre a Cila e o Caribde[49] da anarquia e do despotismo. Tais são os efeitos que sempre hão de derivar de um imoderado exercício da faculdade calculista.

É difícil definir o prazer no seu sentido mais elevado, envolvendo esta definição uma quantidade de paradoxos evidentes. Pois em virtude de um inexplicável defeito de harmonia na constituição da natureza humana, o sofrimento das partes inferiores do nosso ser está frequentemente ligado aos prazeres das superiores. A tristeza, o terror, a angústia e o próprio desespero são muitas vezes expressões seletas de uma aproximação ao supremo bem. Nossa simpatia pela ficção trágica depende desse princípio; a tragédia deleita ao proporcionar uma sombra do prazer que há na dor. Essa é a origem também da melancolia, que é inseparável da mais doce melodia. O prazer que há na tristeza é mais doce que o prazer do próprio prazer. E daí o dito "Mais vale frequentar a casa do luto do que a casa da alegria".[50] Isso não significa, contudo, que a espécie mais elevada de prazer esteja necessariamente ligada à dor. O deleite do amor e da

49. Na mitologia grega, Cila é um monstro habitante de uma caverna situada no estreito de Messina, que separa a Itália da Sicília; em frente à sua morada, fica o rochedo Caribde, onde vive um outro monstro. Navegar entre Cila e Caribde é, pois, aventurar-se entre duas poderosas ameaças.
50. Eclesiastes VII, 3: "Melhor é ir à casa que está de luto do que ir à casa onde se dá banquete".

amizade, o êxtase da admiração da natureza, a alegria da percepção e, mais ainda, a da criação poética são muitas vezes inteiramente puros.

A produção e a garantia do prazer nesse sentido mais elevado constituem a verdadeira utilidade. Aqueles que produzem e preservam esse prazer são poetas ou filósofos poéticos.

Os esforços de Locke, Hume, Gibbon, Voltaire, Rousseau,[51] bem como de seus discípulos, em prol da humanidade oprimida e iludida credenciam-se à gratidão dos homens. No entanto, não tivessem eles jamais vivido, seria fácil calcular o grau de aperfeiçoamento moral e intelectual que o mundo teria apresentado. Alguns disparates a mais teriam sido ditos por um ou dois séculos; e talvez alguns poucos homens, mulheres e crianças a mais teriam sido queimados como heréticos. Poderíamos, neste momento, não nos estar congratulando pela abolição da Inquisição na Espanha.[52] Mas excede a toda imaginação conceber qual seria a condição moral do mundo se Dante, Petrarca, Boccaccio, Chaucer, Shakespeare, Calderón, Lorde Bacon, e tampouco Milton, jamais tivessem existido; se Rafael e Michelangelo nunca tivessem nascido; se a poesia hebraica jamais tivesse sido traduzida; se um renascimento do estudo da literatura grega nunca tivesse ocorrido; se nenhum dos monumentos da escultura antiga

---

51. [N. A.] Sigo a classificação adotada pelo autor de "As quatro idades da poesia". Mas Rousseau era essencialmente poeta. Os outros, mesmo Voltaire, eram meros raciocinadores.
Na versão de John Hunt, esta nota foi reescrita: "Embora Rousseau tenha sido assim classificado, ele era essencialmente poeta. Os outros, mesmo Voltaire, eram meros raciocinadores".
52. O autor escreve em 1821, e o primeiro ato para a abolição da Inquisição na Espanha data de 1812, embora sua extinção definitiva só tenha ocorrido em 1834.

Defesa da poesia

nos tivesse sido legado; e se a poesia da religião do mundo antigo tivesse sido extinta juntamente com sua crença. A mente humana, salvo pela intervenção desses estímulos, nunca poderia ter despertado para a invenção das ciências mais vulgares, bem como para a aplicação do raciocínio analítico às aberrações da sociedade, que agora se tenta enaltecer acima da expressão direta da própria faculdade inventiva e criadora.

[O autor de "As quatro idades da poesia" conclui seu artigo com uma exibição em ordem de todas as denominações das artes subalternas da vida que se empregam na elaboração dos elementos originalmente fornecidos pelos materiais de conhecimento e poder da faculdade poética; e protesta contra uma tentativa de criar novos elementos por aquele processo único, exortando-nos ao mesmo tempo a cultivar de preferência...][53]

Possuímos mais sabedoria moral, política e histórica do que capacidade para colocá-la em prática; dispomos de mais conhecimento científico e econômico do que pode ser aplicado à justa distribuição da produção que ele multiplica. A poesia, nesses sistemas de pensamento, fica escondida pela acumulação de fatos e de processos de cálculo. Não há carência de conhecimento no que diz respeito ao que é mais sábio e melhor quanto à ética, ao governo e à economia política, ou, pelo menos, no que diz respeito ao que é mais sábio e melhor do que aquilo que, no momento, os homens praticam ou suportam. Mas dizemos "*não me atrevo*, depois de *gostaria*, como o pobre gato do provérbio".[54]

---

53. Período incompleto, cortado na versão de John Hunt. Ver a nota n. 3 da Apresentação.
54. *Macbeth*, I, vii, 44-45: "Como o gato da fábula, dizendo:/ Não creio... tenho medo... mas eu queria".

Queremos que a faculdade criadora imagine aquilo que sabemos; queremos o impulso generoso para realizar aquilo que imaginamos; queremos a poesia da vida: nossos cálculos ultrapassaram a concepção; comemos mais do que podemos digerir. O cultivo dessas ciências que ampliaram os limites do império do homem sobre o mundo exterior, por falta da faculdade poética circunscreveu proporcionalmente os do mundo interior, e o homem, tendo escravizado os elementos, permanece ele próprio escravo. A que, senão a um cultivo das artes mecânicas num grau desproporcional à presença da faculdade criadora, que é a base de todo conhecimento, deve-se atribuir o abuso de toda invenção para reduzir e organizar o trabalho, até a exacerbação da desigualdade entre os homens? De que outra causa decorre o fato de que as descobertas que deveriam ter tornado mais leve o peso da maldição lançada sobre Adão acrescentaram-lhe um peso maior? A poesia e o princípio do eu, de que o dinheiro é a encarnação visível, constituem o Deus e o Mamon[55] do mundo.

É dupla a função da faculdade poética; por meio de uma, ela cria novos materiais de conhecimento, poder e prazer; por meio da outra, engendra na mente um desejo de reproduzi-los e organizá-los de acordo com certo ritmo e ordem que podemos chamar o *belo* e o *bem*. O cultivo da poesia nunca deve ser tão desejado quanto em períodos nos quais, em virtude de um excesso do princípio egoístico e calculista, a acumulação dos materiais da vida exterior

---

55. Trata-se da palavra em hebraico e aramaico para "rico". Especula-se sobre a existência de uma divindade siríaca com esse nome. No *Paraíso perdido*, de Milton, a palavra é empregada como nome próprio de um espírito – *Mammon, the least erected spirit that fell from heaven* (I, 679) [Mammon, o menos elevado dos espíritos que caiu do céu].

excede a capacidade de assimilá-los às leis internas da natureza humana. O corpo tornou-se, desde então, por demais desajeitado para aquilo que o anima.

A poesia é de fato algo divino. É, simultaneamente, o centro e a circunferência do conhecimento; aquilo que compreende toda a ciência e aquilo a que toda ciência deve ser referida. Constitui, ao mesmo tempo, a raiz e a flor de todos os outros sistemas de pensamento; é aquilo de que tudo brota e que tudo adorna; e que, estiolado, nega o fruto e a semente, e priva o mundo estéril do alimento e da sucessão de rebentos da árvore da vida. É a perfeita e plena face e florescência de todas as coisas; é como o perfume e a cor da rosa para a textura dos elementos que a compõem, como a forma e o esplendor da beleza inalterável para os segredos da anatomia e da putrefação. Que seriam a virtude, o amor, o patriotismo, a amizade; que seria o cenário deste belo universo que habitamos; que seriam nossas consolações neste lado da sepultura; e que seriam as nossas aspirações para além dela, se a poesia não se elevasse para trazer luz e fogo dessas regiões eternas onde a faculdade calculista, com suas asas de coruja,[56] nunca ousa pairar? A poesia não é, como o raciocínio, uma capacidade que pode ser exercida de acordo com a decisão da vontade. Um homem não pode dizer: "Vou compor poesia". Nem mesmo o maior dos poetas pode dizê-lo; pois a mente em criação é como uma brasa efêmera, que alguma influência invisível, como um vento inconstante, desperta para um brilho transitório; esse poder vem de dentro, como o colorido de uma flor que esmaece e vai mudando enquanto se desenvolve, e as partes

---

56. No original, *the owl-winged faculty of calculism*. Parece que o autor explora a simbologia antiga ligada à coruja, ave consagrada a Atena, deusa da razão (e, pois, do cálculo).

conscientes de nossas naturezas não podem prever nem sua aproximação nem sua partida. Pudesse essa influência perdurar em sua pureza e força originais, e seria impossível prever a grandiosidade dos seus resultados; mas quando a composição tem início, a inspiração já está em declínio, e a mais gloriosa poesia jamais comunicada ao mundo provavelmente não passa de uma tênue sombra das concepções originais do poeta. Recorro aos maiores poetas de nossos dias para saber se não é um erro afirmar que as mais belas passagens poéticas são produto do trabalho e do estudo. A fadiga e a demora recomendadas por críticos podem ser corretamente interpretadas como nada mais do que uma cuidadosa obediência aos momentos inspirados e uma conexão artificial dos espaços entre suas sugestões, pelo entretecimento de expressões convencionais: uma necessidade apenas imposta pela limitação da própria faculdade poética; pois Milton concebeu o *Paraíso perdido* como um todo antes que o executasse por partes. Temos seu próprio testemunho de que a Musa "lhe ditou" o "canto impremeditado".[57] E que isso sirva de resposta a todos os que alegarem as cinquenta e seis diferentes versões do primeiro verso do *Orlando furioso*. Composições assim produzidas estão para a poesia como o mosaico para a pintura. Esse instinto e essa intuição da faculdade poética são ainda mais observáveis nas artes plásticas e pictóricas; uma estátua ou uma pintura grandiosas desenvolvem-se sob o poder do artista como uma criança no ventre materno; e a própria mente que dirige as mãos na execução da obra é incapaz de dar conta para si própria da origem, das gradações ou dos meios do processo.

---

57. *Paraíso perdido*, IX, 23-24.

Defesa da poesia

A poesia é o registro dos melhores e mais felizes momentos das mentes mais felizes e melhores. Estamos conscientes das visitações evanescentes do pensamento e do sentimento, por vezes associadas a lugares ou pessoas, por vezes relacionadas apenas à nossa própria mente, e sempre surgindo imprevisíveis e partindo sem o nosso controle, mas indizivelmente arrebatadoras e deleitosas, de tal modo que, mesmo no desejo e na pena que nos deixam como seu legado, não pode existir senão prazer, integrantes que são da natureza de seu objeto. É como se fosse a penetração na nossa própria natureza de uma outra e mais divina natureza; suas pegadas, no entanto, são como as do vento sobre o mar, que a calmaria matutina apaga e cujos vestígios mal permanecem na areia sulcada do fundo. Tais pegadas e os estados do ser que lhes correspondem são vivenciados principalmente por aqueles dotados da mais delicada sensibilidade e da imaginação mais desenvolvida; e o estado mental por eles produzidos é infenso a todo desejo vil. O entusiasmo da virtude, do amor, do patriotismo e da amizade está essencialmente ligado a tais emoções, e enquanto elas perduram, o eu se apresenta como aquilo que é: um átomo para um universo. Os poetas não apenas estão sujeitos a essas experiências como espíritos dotados da mais refinada constituição, mas, com os tons evanescentes desse mundo etéreo, podem colorir tudo aquilo que organizam; uma palavra, um traço na representação de uma cena ou de uma paixão tocará a corda encantada e reanimará, naqueles que já vivenciaram essas emoções, a adormecida, fria e sepultada imagem do passado. A poesia, assim, torna imortal tudo o que há de melhor e de mais belo no mundo; apreende as aparições vaporosas que assombram os interlúnios da vida e, velando-as na linguagem ou na forma, as envia à humanidade, levando suaves novas de alegria congênere à sua própria àqueles com quem demoram suas irmãs[58] – *demoram* porque, entre as cavernas do espírito onde elas habitam e o universo das coisas, não há ponte de expressão. A poesia redime da corrupção as visitações da divindade no homem.

A poesia tudo transforma em encanto; exalta a beleza do que é mais belo e acrescenta beleza ao que há de mais disforme; concilia a exultação e o horror, a dor e o prazer, a eternidade e a mudança: sob seu leve jugo, reduz à união todas as coisas irreconciliáveis. Ela transmuda tudo o que toca, e todas as formas que se movem no resplendor de sua presença transformam-se, por prodigiosa simpatia, numa encarnação do espírito que dela emana: sua secreta alquimia transforma em ouro potável as águas envenenadas que fluem da morte para a vida; ela despe o véu de familiaridade do mundo e descobre a beleza nua e adormecida que constitui o espírito de suas formas.

Tudo existe como é percebido, pelo menos em relação a quem percebe. "A mente é seu próprio lar, e de si mesma pode fazer do inferno um céu, e do céu um inferno."[59] Mas a poesia anula a maldição que nos sujeita ao acidente das impressões que nos rodeiam. E quer estenda sua própria cortina ornamentada, quer retire do cenário das coisas o negro véu da vida, cria sempre para nós um ser dentro do nosso ser. Ela nos torna habitantes de um mundo para o qual o mundo familiar é um caos. Reproduz o universo comum de que somos parte e que percebemos e remove de nosso panorama interior a película de familiaridade que nos oculta

---

58. Não é clara a referência de "suas irmãs". Serão as "aparições vaporosas" as irmãs da poesia? E "aqueles com quem demoram suas irmãs" serão os "espíritos dotados da mais refinada constituição"?
59. *Paraíso perdido*, I, 254-255.

a maravilha do nosso ser. Ela nos compele a sentir o que percebemos e a imaginar o que sabemos; recria o universo após ele ter sido eliminado em nossas mentes em virtude da recorrência de impressões embotadas pela reiteração; e justifica as palavras ousadas e verdadeiras de Tasso: "*Non merita nome di creatore, se non Iddio ed il Poeta*".[60]

Um poeta, como é para os outros o autor da mais elevada sabedoria, prazer, virtude e glória, também pessoalmente deve ser o mais feliz, o melhor, o mais sábio e ilustre dos homens. Quanto à sua glória, desafiemos o tempo a proclamar se a fama de qualquer outro instituidor da vida humana é comparável à de um poeta. Que ele é o mais sábio, o mais feliz e o melhor, na medida em que é poeta, é sempre inquestionável: os maiores poetas foram homens da mais impoluta virtude, da mais consumada prudência, e se olharmos para o interior de suas vidas, os mais afortunados entre os homens: e as exceções, como dizem respeito àqueles que possuem a faculdade poética num grau elevado, porém inferior, verificaremos que, submetidas à consideração, antes restringem do que destroem a regra. Dobremo-nos, por um instante, à arbitragem da opinião popular e, usurpando e unindo em nossas próprias pessoas os papéis incompatíveis de acusador, testemunha, juiz e carrasco, decidamos, sem julgamento, testemunho ou formalidade, que são passíveis de censura certas razões daqueles que estão "lá sentados, aonde não ousamos ascender".[61] Admitamos que Homero era um bêbado, Virgílio um adulador, Horácio um covarde, Tasso um louco, Lorde Bacon um peculador, Rafael um libertino, Spencer um poeta laureado. Não é compatível com essa parte

---

60. "Não merecem o nome de criador senão Deus e o Poeta" (Tasso, *Discurso sobre o poema heroico*).
61. *Paraíso perdido*, IV, 829.

do nosso tema citar poetas vivos, mas a posteridade fez justiça suficiente aos grandes nomes aqui mencionados. Seus erros foram sopesados e não passaram de poeira na balança: se seus pecados "foram como escarlate, são agora brancos como a neve":[62] foram lavados no sangue do mediador e redentor, o tempo. Observe-se em que ridículo caos as imputações de crimes reais ou fictícios foram embaralhadas nas calúnias contemporâneas contra a poesia e os poetas; considere-se o pouco que é na medida em que parece – ou o que parece na medida em que é; examinem suas próprias razões, e não julgueis, para que não sejais julgados.

A poesia, como dissemos, difere da lógica a esse respeito: ela não está sujeita ao controle dos poderes ativos da mente, e seu nascimento e recorrência não têm conexão necessária com a consciência ou com a vontade. É presunçoso estabelecer que essas são as condições necessárias de toda causalidade mental, quando os efeitos mentais são vivenciados como insuscetíveis de serem referidos a elas. A frequente recorrência do poder poético – é óbvio supor – pode produzir na mente um hábito de ordem e de harmonia correlativo com sua própria natureza e com seus efeitos sobre outras mentes. Mas nos intervalos de inspiração – e eles podem ser frequentes sem ser duradouros –, um poeta torna-se um homem, e é abandonado ao súbito refluxo das influências sob as quais outros homens habitualmente vivem. No entanto, como sua constituição é mais delicada do que a de outros homens, e sensível à dor e ao prazer, tanto aos próprios como aos dos outros, em um grau deles desconhecido, evitará a dor e perseguirá o prazer, com ardor

---

62. Isaías, I, 18: "E vinde, e argui-me, diz o Senhor: se os vossos pecados forem como escarlate, eles se tornarão brancos como a neve; e se forem roxos como o carmesim, ficarão como a branca lã".

proporcional a essa diferença. E ficará exposto à calúnia quando deixar de observar as circunstâncias sob as quais esses objetos de perseguição e fuga universais se disfarçam, trocando entre si as indumentárias.

Mas não há nada necessariamente mau nesse erro, e assim a crueldade, a inveja, a avareza e as paixões essencialmente más nunca fizeram parte das imputações populares sobre a vida dos poetas.

Julguei muito favorável à causa da verdade registrar essas observações de acordo com a ordem em que me foram sugeridas à mente, pela consideração do próprio tema, em vez de observar a formalidade de uma réplica polêmica; mas se for justa a visão que elas contêm, verificar-se-á que se trata de uma refutação [de "As quatro idades da poesia"],[63] pelo menos no que concerne à primeira parte do tema. Posso prontamente conjecturar sobre o que teria movido o rancor de alguns escritores eruditos e inteligentes que polemizaram com certos versejadores; eu, como eles, confesso-me resistente a encarar as *Teseidas* dos roucos Codros de hoje. Bávio e Mévio[64] indubitavelmente são, como sempre foram, pessoas insuportáveis. Mas cabe a um crítico filosófico distinguir, e não maldizer.

A primeira parte dessas observações diz respeito à poesia nos seus elementos e princípios; e mostrou-se, tanto quanto permitiriam os estreitos limites que lhes são determinados, que o que se chama *poesia*, *stricto sensu*, tem uma fonte comum a todas as outras formas de ordem e de beleza de acordo com as quais os materiais da vida humana podem

---

63. Na versão de John Hunt, esse trecho foi reescrito: "dos que argumentam contra a poesia".
64. Codro, Bávio e Mévio são tradicionais exemplos clássicos de maus poetas. Codro é mencionado por Juvenal; Bávio e Mévio, por Virgílio.

ser distribuídos, e que constituem a poesia, em um sentido universal.

A segunda parte[65] terá como objetivo uma aplicação desses princípios ao estado atual do cultivo da poesia e uma defesa da tentativa de idealizar as formas modernas dos costumes e das opiniões, compelindo-as a uma subordinação à faculdade imaginativa e criadora. Pois a literatura da Inglaterra, cujo vigoroso desenvolvimento sempre precedeu ou acompanhou um grande e livre desenvolvimento da vontade nacional, despontou como que para um novo nascimento. Apesar da baixeza invejosa que desejaria subestimar o mérito contemporâneo, nossa própria era será memorável por suas realizações intelectuais, e vivemos entre filósofos e poetas que ultrapassam, sem comparação, quaisquer outros que surgiram desde a última luta nacional pelas liberdades civil e religiosa.[66] O mais infalível arauto, companheiro e seguidor do despertar de um grande povo para operar uma transformação benéfica na opinião ou nas instituições, é a poesia. Em tais períodos, há uma acumulação do poder de transmissão e recepção de concepções vigorosas e apaixonadas relativas ao homem e à natureza. As pessoas que dispõem dessa capacidade podem, muitas vezes, no que tange a muitos aspectos de sua natureza, manter pouca correspondência aparente com aquele espírito benfazejo de que são ministras. Mas mesmo quando negam e abjuram, ainda assim são compelidas a servir ao poder que se senta no trono de suas próprias almas. É impossível ler as composições dos mais celebrados escritores da atualidade sem

---

65. As planejadas segunda e terceira partes do ensaio o autor não chegou a escrever. Ver a nota n. 3 da Apresentação.
66. Parece referência à chamada Glorious Revolution (1688-1689), que limitou os poderes do rei e fortaleceu o parlamento.

estremecer com a vida eletrizante que arde em suas palavras. Eles medem a circunferência e sondam as profundezas da natureza humana com espírito abrangente e penetrante, sendo talvez eles próprios os mais sinceramente maravilhados em face de suas manifestações, pois que são menos suas do que do espírito de seu tempo. Os poetas são os hierofantes de uma inspiração inapreendida; os espelhos das sombras gigantescas que a posteridade lança sobre o presente; as palavras que expressam o que não entendem; as trombetas que chamam para a batalha e não sentem o que inspiram. Os poetas são os legisladores não reconhecidos do mundo.

Referências

Edição-fonte da tradução

PEACOCK'S *The four ages of poetry*/SHELLEY'S *Defense of poetry*/BROWNING'S *Essay on Shelley*. Ed.: H. F. B. Brett-Smith. Boston; Nova York: Houghton Mifflin, 1921.

Outras traduções em português

PEACOCK, Thomas Love. The four ages of poetry. In: WORDSWORTH; PEACOCK; SHELLEY. *Poética romântica inglesa*. Org., trad., notas: Alcinda Pinheiro de Sousa e João Ferreira Duarte. Introd.: Alcinda Pinheiro de Sousa. Lisboa: Materiais Críticos, 1985. p. 99-121.

SHELLEY, Percy Bysshe. A defense of poetry. In: WORDSWORTH; PEACOCK; SHELLEY. *Poética romântica inglesa*. Org., trad., notas: Alcinda Pinheiro de Sousa e João Ferreira Duarte. Introd.: Alcinda Pinheiro de Sousa. Lisboa: Materiais Críticos, 1985. p. 123-167.

SHELLEY, Percy Bysshe. *Defesa da poesia*. 3. ed. Trad.: J. Monteiro-Grillo. Lisboa: Guimarães, 1986 [1957].

SHELLEY, Percy Bysshe. Defesa da poesia. In: LOBO, Luiza (org.). *Teorias poéticas do romantismo*. Trad., seleção e notas: Luiza Lobo. Porto Alegre: Mercado Aberto, 1987. p. 220-244.

SHELLEY, Percy Bysshe. Uma defesa da poesia. In: SIDNEY, Philip (Sir); SHELLEY, Percy Bysshe. *Defesas da poesia*. Ensaio, trad. e notas: Enid Abreu Dobránszky. São Paulo: Iluminuras; Fapesp, 2002. p. 168-221.

SHELLEY, Percy Bysshe. Defesa da poesia. In: TELES, Gilberto Mendonça (org.). *Defesa da poesia II*: do Renascimento ao século XIX. Brasília: Senado Federal, 2019. p. 195-204.

Estudos

ADAMS, Hazard. Percy Bysshe Shelley. In: _____ (ed.). *Critical theory since Plato*. San Diego: Harcourt Brace Jovanovich, 1971. p. 498-499.

ADAMS, Hazard. Thomas Love Peacock. In: _____ (ed.). *Critical theory since Plato*. San Diego: Harcourt Brace Jovanovich, 1971. p. 490.

BRETT-SMITH, H. F. B. Introduction. In: *PEACOCK'S The four ages of poetry/SHELLEY'S Defense of poetry/BROWNING'S Essay on Shelley*. Ed.: H. F. B. Brett-Smith. Boston; Nova York: Houghton Mifflin, 1921. p. VII-XXV.

BRETT-SMITH, H. F. B. Bibliographical note. In: *PEACOCK'S The four ages of poetry/SHELLEY'S Defense of poetry/BROWNING'S Essay on Shelley*. Ed.: H. F. B. Brett-Smith. Boston; Nova York: Houghton Mifflin, 1921. p. XXVII-XXXIII.

DOBRÁNSZKY, Enid Abreu. Elogio da literatura. In: SIDNEY, Philip (Sir); SHELLEY, Percy Bysshe. *Defesas da poesia*. Ensaio, trad. e notas: Enid Abreu Dobránszky. São Paulo: Iluminuras; Fapesp, 2002. p. 11-87.

MONTEIRO-GRILLO, J. Introdução. SHELLEY, Percy Bysshe. *Defesa da poesia*. 3. ed. Trad.: J. Monteiro-Grillo. Lisboa: Guimarães, 1986 [1957]. p. 7-29.

SOUSA, Alcinda Pinheiro de. Romântico por quê?. In: WORDSWORTH; PEACOCK; SHELLEY. *Poética romântica inglesa*. Org., trad., notas: Alcinda Pinheiro de Sousa e João Ferreira Duarte. Introd.: Alcinda Pinheiro de Sousa. Lisboa: Materiais Críticos, 1985. p. 7-57.

WELLEK, René. IV – De Jeffrey a Shelley. In: _____. *História da crítica moderna*. São Paulo: Herder, 1967 [1955]. p. 99-116. v. 2: O romantismo.

WIMSATT JR., William K.; BROOKS, Cleanth. Cap. XIX – Peacock *versus* Shelley: didactismo rapsódico. In: _____. *Crítica literária*: breve história. Lisboa: Fundação Calouste Gulbenkian, 1971 [1957]. p. 495-518.

Sobre o tradutor

Roberto Acízelo de Souza é professor dos programas de pós-graduação em letras da Universidade do Estado do Rio de Janeiro (Uerj) e da Universidade Federal Fluminense (UFF). Entre suas publicações mais recentes, figuram os livros *Os estudos literários em três tempos: clássico, moderno, pós-moderno* [Editora Vozes, 2024] e *Como se pesa o talento dos poetas: uma antologia da crítica literária (século IV a.C. – século XXI)* [Pontes Editores, 2024], bem como a segunda edição revista de *Estudos literários: uma introdução* [Pontes Editores, 2024].

1ª EDIÇÃO [2025]
Esta obra foi composta em Charter e Trade Gothic Next e impressa
sobre papel Pólen Bold 90 g/m² para a Relicário Edições.